U1013102

聚焦核心素养的全学科课例

【初中卷】

主　编◎王志锋　高　云
副主编◎李　强　南雨娜　唐俊龙

世界知识出版社

图书在版编目(CIP)数据

聚焦核心素养的全学科课例. 初中卷 / 王志锋, 高云主编. —北京:世界知识出版社,2019.1

ISBN 978-7-5012-5926-7

Ⅰ.①聚… Ⅱ.①王…②高… Ⅲ.①课堂教学 - 教学研究 - 初中 Ⅳ.①G632.421

中国版本图书馆 CIP 数据核字(2018)第 301906 号

责任编辑	侯奕萌
责任出版	赵 玥
责任校对	马莉娜
封面设计	郝亚娟

书 名	**聚焦核心素养的全学科课例[初中卷]** Jujiao Hexinsuyang De Quan Xueke Keli(Chuzhong Juan)
主 编	王志锋 高 云
出版发行	世界知识出版社
地址邮编	北京市东城区干面胡同 51 号(100010)
网 址	www.ishizhi.cn
经 销	新华书店
印 刷	三河市人民印务有限公司
开本印张	710×960 毫米 1/16 14 印张
字 数	194 千字
版次印次	2019 年 1 月第一版 2019 年 1 月第一次印刷
标准书号	ISBN 978-7-5012-5926-7
定 价	42.00 元

版权所有 侵权必究

编委会

主　编：王志锋　高　云

副主编：李　强　南雨娜　唐俊龙

编　者（按姓氏笔画排序）：

马小雪　王海泉　王吉宏　刘　杨　李玲杰　李岳华
杨晶晶　迟明珠　周　赫　孟　微　孟章凝　赵秋羽
赵洺函　姜殿飞　耿　红　贾春景　郭　爽　郭素源
常　凤　梁　雪　鲁　高　臧海霞　霍侠志

序

为落实党的十八大提出的“立德树人”的根本任务，2014年教育部印发了《关于全面深化课程改革 落实立德树人根本任务的意见》，提出“教育部将组织研究提出各学段学生发展核心素养体系，明确学生应具备的适应终身发展和社会发展需要的必备品格和关键能力”。经过三年的研究，2016年9月《中国学生发展核心素养》正式发布。《中国学生发展核心素养》以培养“全面发展的人”为核心，遵循“坚持科学性、注重时代性、强化民族性”的原则，分为文化基础、自主发展、社会参与三个方面，综合表现为人文底蕴、科学精神、学会学习、健康生活、责任担当、实践创新六大素养，具体细化为18个基本要点。

《中国学生发展核心素养》研究成果表明：教育的形式逐步发展变化，强调的不仅是知识和技能，更是获取知识的能力；以个人发展和终身学习为主题的核心素养模型，逐渐代替了以学科知识结构为核心的传统课程标准体系。这将是素质教育发展历程中的一个重要节点，意义深远。未来教育将在核心素养的引领下构建新的蓝图，教育将进行“从学科课程到主题课程、从学科中心到学生中心、变单向为多元的学习活动”的变革。

为帮助学校和教师有效实施核心素养，我们组织吉林省省内中学教学专家和名师编写了这本《聚焦核心素养的全学科课例》（初中卷）专题师训教材。本书编者主要是来自吉大附中力旺实验中学、长春市第五十二中学、长春外国语学校等学校的专家和名师。他们不仅在教学中积极探索培养学生核心素养的方法与路径，还发挥引领与辐射作用，指导省内中小学教师开展核心素养的研究。本书是他们教研、培训成果的汇集和提炼。

全书按照《中国学生发展核心素养》的框架分为三个部分、六个专题、十八个基本要点：第一部分“文化基础”分为人文底蕴、科学精神两个专题，具体包括人文积淀、人文情怀、审美情趣、理性思维、批判质疑、勇于探究六个基本要点；第二部分“自主发展”分为学会学习、健康生活两个专题，具体包括乐学善学、勤于反思、信息意识、珍爱生命、健全人格、自我管理六个基本要点；第三部分“社会参与”分为责任担当、实践创新两个专题，具体包括社会责任、国家认同、国际理解、劳动意识、问题解决、技术运用六个基本要点。

每个基本要点下设三个板块：要点解读、名师课例、课例点评。“要点解读”是站在教育教学的视角，围绕要点的内涵、在教育教学中培养的路径和方法等进行详细剖析，引导读者从宏观角度深入理解每个基本要点；“名师课例”从微观角度提供了某一学科的具体示范课例，体现要点解读中的观点，促进读者学习应用；“课例点评”从理论角度评析课例中对基本要点的落实，点评得失，提出建议，全面提升读者对核心素养的认知。这样的体例设计，做到了宏观与微观相结合，理论与实践相结合。通过核心素养下的全学科课例的呈现，提供了核心素养落地的范例，为广大教师培养学生核心素养提供借鉴。希望本书能为教师的专业发展服务，为学生的全面发展助力！

王志锋

2019 年 1 月

目录

第一部分　核心素养之：文化基础

文化是人存在的根和魂。文化基础，重在强调能习得人文、科学等各领域的知识和技能，掌握和运用人类优秀智慧成果，涵养内在精神，追求真善美的统一，发展成为有宽厚文化基础、有更高精神追求的人。

第二部分 核心素养之：自主发展

自主性是人作为主体的根本属性。自主发展，重在强调能有效管理自己的学习和生活，认识和发现自我价值，发掘自身潜力，有效应对复杂多变的环境，成就出彩人生，发展成为有明确人生方向、有生活品质的人。

第三部分　核心素养之：社会参与

社会性是人的本质属性。社会参与，重在强调能处理好自我与社会的关系，养成现代公民所必须遵守和履行的道德准则和行为规范，增强社会责任感，提升创新精神和实践能力，促进个人价值实现，推动社会发展进步，发展成为有理想信念、敢于担当的人。

第一部分　核心素养之：文化基础

文化是人存在的根和魂。文化基础，重在强调能习得人文、科学等各领域的知识和技能，掌握和运用人类优秀智慧成果，涵养内在精神，追求真善美的统一，发展成为有宽厚文化基础、有更高精神追求的人。

专题一◆人文底蕴

中国学生发展核心素养分为文化基础、自主发展、社会参与三个方面，包括六大核心素养：人文底蕴、科学精神、学会学习、健康生活、责任担当、实践创新。其中排在首位的是“人文底蕴”。

“人文底蕴”是指对中国传统文化的深厚了解，是促使一个人长久、健康发展的精神动力，是一个人内在的发展潜力，是人们在学习、理解、运用人文领域知识和技能等方面所形成的基本能力、情感态度和价值取向，是人们精神支撑的综合体。

构建核心素养引导下的新课堂，需要三种“人文底蕴”：人文积淀、人文情怀、审美情趣。

要点一　人文积淀

要点解读

人文是人类创造的文化。人文积淀的内涵主要指古今中外人文领域基本知识和成果的积累，是理解和掌握人文思想中所蕴含的认识方法和实践方法。

增强老师的人文积淀，一方面可以加强教材内容选取、编排和课程设置上对人文领域知识和成果的侧重，另一方面也要引导学生加强人文知识、成果的课外阅读，以及举办相关活动增加学生的人文积淀。目的是要培养学生学习、理解运用人文知识和技能所形成的基本能力、情感态度和价值取向。

语文教学是提升学生人文素养的重要途径之一。要构建核心素养引导下的新课堂，就要重视学生的人文积淀，提高语文教材内容所涉及的古今中外人文领域的知识和成果的比例，帮助学生理解、掌握人文思想中所蕴含的认识方法和实践方法。

如何增加学生的人文积淀呢?

1.发挥课堂教学的主阵地作用

课堂教学是培养学生核心素养的主阵地。关于“中华传统文化”问题，各科教学乃形散而神聚。针对各科教学的特点，既有意识地体现“人文积淀”，又渗透“理解、质疑、发现”能力的培养。让大家明白，“人文”是人类文化中各个学科中的先进部分和核心部分，即先进的价值观及其规范。国家的教育方针，包括具体课程设置，始终强调文化传承这一重要任务。各门学科都有丰富的人文内容。要求学生学习积累，再学习再积累，才能让学生加深理解、加深印象，从而真正印在学生的内心。

2. 研习中华传统文化

积水成渊、积沙成塔。学生们通过各门课程的学习，了解到有几千年历史的中国，在漫长的历史发展过程中沉淀下来的文化，包括古代科学技术对人类的伟大贡献，都凝结着中国人几千年的智慧。这就是学生们在学习中逐步地积累，形成的丰厚文化积淀。例如数学史、绘画史、戏剧史、科技史、社会发展史上那些璀璨夺目的群星，都是中华文化的骄傲。中国的传统文化以儒家文化为内核，还有道教、佛教等文化形态，所谓“三教九流”，博大精深。艺术形式主要包括：古文、诗、词、曲、赋、民族音乐、民族戏剧、曲艺、国画、书法、对联、灯谜，等等。以古典文学为例，从先秦到明清，有两条发展脉络：以《诗经》为首的韵文系列和以《尚书》为首的散文系列。艺术风格也有两条线索：现实主义和浪漫主义。每个类别都有代表人物和代表作品。老师要努力引导学生进入这个传统文化的多彩世界，了解其文化底蕴，使学生深入其境，深刻体会其魅力，以达到增加学生人文积淀的目的。

3. 强化孝道教育和礼义教育

这是“人文积淀”的道德制高点。古语讲：“百善孝为先。”孝的本质是“生命的互相尊重”。孝文化不仅要求我们尊重自己父母的生命，也要尊重、关爱他人的生命，从而扩展为对上孝、对下慈、对友悌、对国忠，做到“老吾老以及人之老，幼吾幼以及人之幼”的大爱。孝道教育的提升，就是礼义教育。如果说“不学诗，无以言”，那么，“不学礼”则“无以立”。以礼待人才能以理服人。道德常常能填补智慧的缺陷，而智慧却永远也填补不了道德的缺陷。如果要想学生具备较好的道德情操，塑造健全完美的人格，“礼义”的教育不能忘。把别人的快乐当作自己最大的幸福，老师要强化教育，注重落实，方能引导学生成为懂礼义的文雅之人，成为懂得“身修而后家齐，家齐而后国治，国治而后天下平”道理的社会主义现代化建设的接班人。

4. 组织专题活动

任何教育都不能停留在口头上，否则，都是苍白无力的。老师要结合学生的兴趣爱好、阅读习惯、知识偏好等因材施教，根据不同学生的特点，展开个性化引导、指导，组织适宜的专题活动，如每学期组织的全校诗词大赛、三月的学雷锋活动、端午节的传统文化活动、重阳节的敬老活动、校园星耀舞台、科技周作品展示、我与历史人物对话等，以此来丰富学生的人文知识和成果积累。

通过这些活动，帮助学生了解中华文化形成的历史进程和中华民族的优秀文化成果，增加学生的人文积淀和时代责任感。

名师课例

七年级语文《闻王昌龄左迁龙标遥有此寄》

执教者：长春市第五十二中学　迟明珠

（一）导入

师：今天我们一起来学习李白的诗歌——《闻王昌龄左迁龙标遥有此寄》。之前我们学没学过李白的诗？

生：学过，《将进酒》。

师：还有呢？

生：《黄鹤楼送孟浩然之广陵》。

生：《望庐山瀑布》。

生：《赠汪伦》。

师：那大家对李白有什么了解吗？

生：李白，字太白，号青莲居士。

生：他是浪漫主义诗人。

师：好，看一下屏幕上的解释，和大家说的一样，李白，字太白，号青莲居士，是我国唐代伟大的浪漫主义诗人。他的作品具有豪迈的气势、神奇的想象、大胆的夸张、巧妙的构思。今天呢，我们学习的这首《闻王昌龄左迁龙标遥有此寄》，就是李白比较有名的作品之一。我们来看一下，诗人在这首诗当中，想表达和传递出什么样的情感，这首诗又有什么样的特点？大家现在把语文书翻到第 15 页。老师先给大家进行一下示范朗读。(老师朗诵全诗)

（二）阐述

师：大家自由地读两遍，注意把握节奏和情感。

(学生自由朗读，然后老师指读)

师：大家声情并茂，节奏把握得也很好。那么我们来看一下，我们通过读这首诗呀，大家把握的情感各不相同。我们来齐读一下，然后再重新体味和把握一下诗歌的情感，大家在读的时候，看一看，从诗歌中能不能捕捉到一些信息，比方说，这首诗是诗人在什么情况下写的呢？这首诗当中，诗人主要想表达怎样的情感？

(学生齐读)

师：这首诗是诗人在什么情况下写的呢？有没有学生能够从本诗当中找到一点点信息，包括它的标题。

生：我觉得是在李白的好友王昌龄左迁龙标的时候写的这首诗。

师："闻"是什么意思？

生：听说。

师：（接学生回答）王昌龄左迁龙标遥有此寄（"遥"加重读音）。就是说明这首诗是不是诗人当面写的？

生：不是。

师：那我在很远的地方写下这首诗，然后将这首诗寄给王昌龄。是不是这样的？下面我们来看，刚才呀，我们提到了“左迁龙标”。在这里涉及一个常识，这个“左迁”是什么意思呢？（提问了一名学生）

生：我感觉应该是王昌龄被贬。

师：根据你了解的应该是被贬谪了。好，那你知不知道为什么左迁就是被贬谪了？

生：不知道。

师：好，古人们以右为尊，以左为卑。也就是说，右，地位高，左呢？（学生回答：地位低）那么左迁的话就是往高去还是往低去呢？

生：往低去。

师：所以说，左迁就是？

生：贬谪。

师：那右迁呢？

生：升职。

师：那右丞和左丞谁的官位更高些呢？

生：右丞。

师：右丞更高一些。这就是常识涉及的尊右卑左。其实呢，在其他的作品当中，我们也可以找到依据。比方说，韩愈在被贬谪的时候，他写了《左迁至蓝关示侄孙湘》，当初白居易在《琵琶行》当中提到了，他被“左迁”至九江郡做司马，是不是？那么呢，这是我们了解到的一个信息，诗人李白在好友王昌龄被贬谪的情况下写下了这首诗。他好朋友被贬到哪里呢？（提问了一名学生）

生：嗯，被贬到了五溪，就是今湖南西部贵州东部，五条溪流的合称。

师：他说被贬到了五溪。好，请坐，有没有不同的看法？你说。

生：我觉得不是被贬到五溪，他说“闻道龙标过五溪”，“龙标”指的是王昌龄，“过五溪”是路过五溪。

师：“龙标”，他说指的是王昌龄。那么，“龙标”为什么指的是王昌龄呢？

生：因为古代常用官职或任职的州县名来称呼。

生：所以应该是路过五溪被贬到龙标。

师：“闻道龙标过五溪”，出现了两个地名，大家混淆了也很正常。但事实上，不只是这两个地名，还有个地名，是哪儿？

生：“我寄愁心与明月，随君直到夜郎西”，是最后一句的“夜郎西”。

师：对。我们来看一下这里边涉及的三个地名，分别是龙标、五溪和夜郎。那么这三个地方都在哪呢？先看龙标在哪？

生：今湖南洪江西侧。

师：五溪呢？（学生共同回答）也是在湖南西侧。夜郎呢？古代有好几个夜郎，但是本诗中的夜郎是哪？

生：湖南怀化市。

师：好，湖南怀化市，我们来看一下（大屏幕）。龙标是今湖南黔阳。五溪是武溪、巫溪、酉溪、沅溪、辰溪的总称。夜郎，这里指湖南的夜郎，与黔阳邻近。那也就是说和哪邻近呢？

生：和龙标邻近。

师：那我们现在有一个大体的概念了，就是王昌龄被贬到哪去了？

生：湖南。

师：湖南境内，大家注意，这里有一个解读，说什么？

生：唐时甚僻。

师：大家可以看一下地图。湖南的西侧紧邻的是广西和贵州。这对于古人来说，都是什么样的地方？

生：荒凉。

师：对，特别荒凉。在唐代，它就已经很靠边了，再往西就是广西和贵州，都是不适合人们居住的地方。而且在北宋的时候，范仲淹写过一首词《渔家傲·秋思》“衡阳雁去无留意”，那个衡阳在哪？就是湖南，大雁飞到湖南就不飞了，像天边一样遥远，好朋友王昌龄就被贬谪到了这样一个像天边一样遥远的地方。那么作者的心情如何呢？你从诗歌当中能不能看出来？

生：从第一句我们可以看到“杨花落尽子规啼”，杨花都没了，就落下来了，所以我感觉作者的心情是很悲凉的。

师：嗯，他一下子就注意到了，杨花是什么意思？

生：柳絮。

师：那么，杨花为什么指柳絮呢？

生：首先杨花飘下来的絮和柳絮是大体相同的，而且在唐朝时，杨树还没有从外面引进到中国，所以当时的杨花就相当于柳絮。

师：那以前我们也曾经学过一些写春天的诗句或文章，谁在春天当中看到了什么？文章也行，诗也行。

生：贺知章在春天里看到了柳树，“不知细叶谁裁出，二月春风似剪刀”。

生：朱自清在春天中看到桃树、杏树、梨树。

生：红的像火，粉的像霞，白的像雪。

师：太美了。还有吗？比方说，苏轼的“竹外桃花三两枝，春江水暖鸭先知”。（老师学生齐诵）比方说，还有“春色满园关不住，一枝红杏出墙来”。比方说，“千里莺啼绿映红，水村山郭酒旗风”。大家在春天看到的东西都不同，仅仅因为他们所处的地域不同，所以他们看到的东西就不同吗？

生：不是。

师：这和什么有关系？

生：他们所要表达的情感。

（三）扩展

师：对！你说的太棒了。这和他们所要表达的情感有关系，所以说，现在我们要引入一个概念："意象"。它比较专业的介绍是这样的（大屏幕）。

生：（读屏幕文字）所谓意象，就是客观物象经过创作主体独特的情感活动而创造出来的一种艺术形象。简单地说，意向就是用来寄托主观情感的客观物象。

师：我们可以简单地理解为，我们想表达一种情感，但是又不想直接告诉你，那我就借助一个事物来表达我的情感，那这个事物叫做什么呀？

生：意象。

师：因为它传递我的情感，我在这个事物上寄托了我的情感。它不是一个客观的存在，它是一个带有我的情感的物象，这就叫做意象。那么，刚才有学生说了"杨花落尽子规啼"，他首先看到的意象就是杨花。其实除了杨花，还有什么？

生：子规、明月。

师：对。在本诗歌中，一共出现了三个意象。我们知道了，意象是要寄托作者情感的。它们分别寄托了作者什么样的情感，它自身拥有什么样的特点？在那个春日之中，李白听到了自己的好友王昌龄被贬到了龙标，眼前的湖光山色包罗万象，他为什么只选取了这三种景物作诗，他想借助这三个意象表达什么情感？首先，我们来看一下杨花，刚才说的柳絮，它有什么特点？

生：它是很伶仃的，因为它是满天飞，风把它吹到哪，它就到了哪。

生：随风漂泊，没有归属感。

师：没有归属感，它就是在风中漂泊。风把它吹到哪，它就在哪里停歇，但是这个地方是不是它最后的归宿呀？不是，下一次风起的时候，它又被风吹走了。是不是这样的？这就是柳絮。那么这样的事物，它会给人什么样的感觉？

生：漂泊感。

师：一种漂泊感，而且，就算你短暂的停留，很快又会飘走。

师：还有一种离散感。是不是这样的？那么，杨花就给人一种漂泊、离散之感。（展示课件）这个是对杨花的介绍，我们来看一下，古人也经常把杨花这一意象写入自己的诗歌当中，我们一起来看一下。第一个例子，无名氏的《送别》，大家来齐读一下。

生：杨柳青青著地垂，杨花漫漫搅天飞。柳条折尽花飞尽，借问行人归不归。

师：那么他想借助杨花这种意象来表达什么感情呢？

生：我觉得是有一种思乡的感觉。因为下一句是“借问行人归不归”。

师：那他是自己走还是送别人走？

生：哦，送别人走。

生：我觉得应该是离别时，十分悲伤的情感。

师：离别时悲伤的一种情感，因为这就是分别了嘛。“柳”和“留”是谐音，既有离别的悲伤，也有对对方的不舍。好，下一个，齐读一下。

生：扬子江头杨柳青，杨花愁杀渡江人。数声风笛离亭晚，君向潇湘我向秦。

师：这个也是和友人怎样？（齐答）离别。

师：离别了，也具有一种离散之感。是不是这样的？好，然后来看下一个，齐读。

生：细看来，不是杨花，点点是离人泪。

师：也是什么情景呀？（齐答）离别。

师：那就是说，诗人们因为杨花本身就有一种漂泊离散之感。所以，常常借助杨花这种意象来抒发离别时的伤感之情，是不是这样的？这是我们对于杨花这一意象的解读。然后“子规”，子规是什么？

生：布谷鸟。

师：子规是布谷鸟，嗯，咱们的注释当中是不是有？

生：又叫杜鹃。

师：那么大家听没听过杜鹃的叫声？很难听吗？你听没听过？还是看

介绍了，认为它很难听？从诗歌来看的话，叫声不一定难听，但是不是很欢快呢？（齐答）不是。

师：这个布谷鸟的叫声是“布谷、布谷”，在古人看来，它就好像在叫“不归、不归”。所以，不归的话，会让人产生一种什么样的情感？

生：悲伤。

师：而且杜鹃本身也善于悲啼，常常在春天悲啼，甚至啼出血来。所以才有这样的诗句“杜鹃啼血猿哀鸣”。所以，杜鹃鸟它本身就具有这样的特点，诗人词客称杜鹃鸟为天地间的“愁种子”。所以，诗人在这里面就提到了，说“杨花落尽子规啼”他想借助“子规”来传递的情感是什么？（齐答）悲伤。

师：对，就是一种悲伤的情感。为什么而悲伤？

生：为王昌龄被贬到那么遥远的地方而悲伤。

师：所以说，在杜鹃鸟这个意象出现的时候，它往往所传递的情感都是比较伤感的情感。大家可以来看一下，比方说第一个，“蝴蝶梦中家万里，子规枝上月三更”。这是要传递一种什么样的情感呢？

生：思乡。

师：“可堪孤馆闭春寒，杜鹃声里斜阳暮。”这个我们知道，他的感情是怎么样的呢？

生：悲伤的。

师：对，往往是悲伤的。比方说在这里边，把子规换成黄莺行吗？杨花落尽黄莺啼。

生：不行，太欢快了。

师：太欢快了，所以不能准确地抒发作者心中的情感。还有一个意象是什么？

生：明月。

师：明月有什么特点？

生：悲凉。

师：为什么明月会悲凉呢？

生：因为月亮升起的时候，气温会降低，还有就是月亮是白色的，孤孤单单的。

师：好，理解的对。大家对月亮还有怎样的理解？

生：我觉得明月代表团圆，因为中秋节是一家团圆的日子，到了中秋节前后，月亮会变得特别圆。

师：他认为是团圆，好，请坐。月亮会圆满，人也会团圆。他这个理解是对的，可是月亮有的时候也会怎样啊？（齐答）缺。

师：所以它不是永久团圆，它又象征什么？

生：分别。

师：它有圆有缺，所以也代表人有？

生：悲欢离合。

师：还有呢？月亮是白色的，所以我们通常说月光怎么样？

生：皎洁。

师：这就是月亮的特点。它是皎洁的，独一无二、有圆有缺，世人仰头皆可见。因此明月也寄托着闲适、孤独、思念等情思。很多例子，我们来看一下。“露从今夜白，月是故乡明。”这寄托什么情感？

生：思乡。

师：“明月松间照，清泉石上流。”这寄托什么样的情感？

生：悠闲。

师：很好。大家齐读。

生：“举杯邀明月，对影成三人。”

师：这寄托什么情感？（齐答）孤独。

师：因为我邀请明月一起喝酒，再对着地上的影子，我们“三个人”喝酒。但事实上只有几个？（齐答）一个。

师：然后读一下下一个。

生：“海上生明月，天涯共此时。”

师：你说这个寄托着什么情感？有人说孤寂、悲凉。“天涯共此时”，当海上升起了一轮皎洁的明月的时候，普天之下都是这个时候，大家都可以看到这个月亮，那么我心中自然而然地会想到什么？

生：思乡。

师：会想到故乡，还会想到故乡的？

生：亲人。

师：所以说，这个诗句当中传递的情感是什么呢？思人、思念、牵挂。这是明月的意象，将主要的一些情感寄托在其中。诗人在本诗当中，他想通过明月这一意象来寄托什么情感？他说“我寄愁心与明月”，然后呢？

生：“随君直到夜郎西。”

师：我能不能和你一起去？（齐答）不能。

师：那谁能和你一起去呢？（齐答）明月。

师：月亮能跟你一起去，那我就把一颗愁心寄托在月亮上，让它跟你一起去。你说他借助月亮这个意象，想传递的情感是什么呀？

生：牵挂。

师：我在牵挂着你。是不是这样的？所以，诗人借助明月这种意象，想传递的情感是对友人王昌龄的牵挂和关心。

（四）小结

师：我们通过对诗中涉及的常识的解读、地名的解读还有意象的解读，你对这首诗歌，有没有一个理解或把握呢？比方说，这首诗是在什么情况下写的？在友人被贬谪的情况下写的，对不对？那寄托着作者什么样的情感呀？

生：关心和牵挂。

师：那其实，还有呢？比方说，他先是借助着杨花和子规这种意象，表达了什么情感？

生：悲凉。

师：悲伤离别之情。是不是？嗯，那么又借助明月这种意象，表达的是什么情感？

生：牵挂。

师：对友人的牵挂和关心，是不是这样的？好，《闻王昌龄左迁龙标遥有此寄》这首诗，通过我们刚才的解读，大家对它的了解可能就进了一步，对它的把握也能够深一层。现在呢，我们再来齐读一次。看看大家能不能读出诗人寄寓在这首作品当中的牵挂、不舍、伤感、关心的情绪，好不好？（学生齐读）

师：非常好，再来一次，好吗？（学生齐读）

师：我们经过对诗歌中意象的解读，已经能够很好地领会作者的情感了。那么，古人生活得很美好，一草一木一枝一叶，总能入诗总关情。事实上，通过对传统诗歌当中的传统意象的解读，我们能够打开小小的一扇窗，让我们能够看到一个更丰富的世界。在日后的学习中，希望大家能够丰富我们的人文积淀，在对于传统文化的学习中，找到心灵的皈依，然后去发现一个别样精彩的世界。

课例点评

《闻王昌龄左迁龙标遥有此寄》是义务教育教科书人民教育出版社中学语文七年级上册第四课的内容。从课程标准上来看本节课应该体现的核心素养是人文积淀的培养，主要是让学生增加古今中外人文领域基本知识和成果的积累，理解和掌握人文思想中所蕴含的认识方法和实践方法。

1. 充分体现了构建核心素养中“增强学生人文积淀”这一目标

（1）选择恰当的切入口，带领学生进行深入探究，培养学生对传统文化的兴趣。

我国传统文化博大精深，包罗万象。本节课能够从庞杂的文化中选择诗歌中的传统意象作为切入口，并在对传统意象的解读过程中具体切实地让学生了解到传统文化的魅力。课下可以带领学生对这一专题进行进一步的探究挖掘，把本节课作为一扇窗，让学生看到一个丰富多彩的传统文化的大世界。

（2）有意识地引导学生迁移、拓展，增强学生人文积淀。

授课时，老师并没有单纯地将授课内容局限在本诗内，而是能够进行有效地迁移和拓展，丰富学生的人文积淀。

在对地名“龙标”“夜郎”的解读中，让学生了解到“对于古人来说湖南是一个很偏远的地方”；对于题目“闻王昌龄左迁龙标遥有此寄”中所涉及的“左迁”这一常识性知识进行介绍，让学生了解到古人“尊右卑左”这一常识。这些地名和常识的介绍都能有效地增强学生的人文积淀。

在解读古诗中的意象时，能够通过多列举含有该意象的诗句，从而让学生由此及彼、举一反三，了解这一意象的众多含义。由本节课中一首诗，拓展了众多的诗句，丰富了课堂教学内容，也让学生对于传统意象的内涵有了更多了解。

（3）重点突出，侧重对传统意象的丰富含义的解读。

本节课由诗歌《闻王昌龄左迁龙标遥有此寄》引入，侧重对于诗歌中意象的解读：解读“杨花”这一意象时能够引导学生了解杨花带给人的飘零、离散之感；对于“子规”这一意象的解读能引导学生发现杜鹃鸟的特点，从而了解“子规”意象的内涵；在解读“明月”意象时引导学生发现月亮的众多特点，从而使学生清楚了解到古代诗歌中“明月”意象的丰富含义。在与学生的交流碰撞中，让学生发现诗歌中传统意象的魅力。

2. 教学设计思路清晰、循序渐进，有效丰富了学生的人文积淀

（1）导入。

老师由学生熟悉的李白其人导入，由浅入深，介绍了李白的相关作品，重点突出了李白诗歌的浪漫主义风格——豪迈的气势，神奇的想象，大胆的夸张，巧妙的构思。然后层层推进，开始了对作品的解读。

（2）阐述。

老师由诗题、作者导入后，分别引入对于常识“左迁”的介绍、对于所涉及地名相关知识的介绍、对于意象的解读，尤其是对“杨花”的全面系统的解析，使学生深刻理解了作者的思想感情，体会出了传统文化的魅力。在解读意象时，能够既不脱离诗歌本身，又能进行有效拓展，引导学生通过解读诗歌中的传统意象了解诗人的情感、发现传统文化的魅力。

（3）拓展。

老师思路清晰，以点带面。由诗中出现的词语，引入一个文艺理论的概念——“意象”。通过对专业的介绍，让学生从理论上真正了解了所谓意象，就是客观物象经过创作主体独特的情感活动而创造出来的一种艺术形象。就这样，老师把对于一首诗的解读作为切入点，逐渐形成“传统意象”的“线”，再铺开“传统文化”的“面”。接下来便是令人吃惊的意象“铺陈”：子规系列、杨花系列、明月系列。短短一节课，如醍醐灌顶，学生受到了传统文化的洗礼，丰富了学生的人文积淀。

（4）小结。

老师举重若轻，招之即来，挥之即去，收放自如。最后，对全诗的思想情感做了水到渠成的总结。正如课堂小结所说的那样，通过这节课的学习，一定能够丰富学生的人文积淀，让学生在对于传统文化的学习中找到心灵的皈依，发现别样精彩的世界。

3. 关于“构建核心素养，丰富人文积淀”，本课给我们的启示

（1）因材施教，循序渐进，广泛调动学生积极性。

授课对象是初一年级的学生，他们刚刚小学毕业，对传统文化知之甚少。怎样增加他们的人文积淀，不能采用操之过急的“填鸭式”方法。老师因材施教，从大家熟悉的李白切入，引出作品，带出风格，通过剖析诗中词语，了解文化内涵。春风化雨，润物无声，不知不觉就把学生带入了古典文化的殿堂。学习氛围浓郁，学习积极性高涨，学生参与度很高。

（2）以点带面，做到了知识的迁移和延展，极大地丰富了学生的人文积淀。

教材不是教学的全部内容，它只是例子，是一个点，还需要老师带领学生举一反三，扩展到面。本课以一首诗做引领，进行知识的迁移和延展，涉及20首诗歌，极大地丰富了学生的人文积淀。我国古典文化博大精深，诗歌中意象无数，每个意象涉及的作品也无数。如果孤立地就课文讲课文，不加扩展，势必限制学生的视野，压抑学生的激情，更是对古典文化资源的巨大浪费。

（3）为丰富学生的人文积淀，老师角色做了一个多元转换。

在本课堂上，老师不是一个单一的角色，而是一个多元的角色：

其一，老师做学生主动学习的促进者。老师不是单纯地给学生讲一首诗，而是要教会学生学习更多的作品，丰富文化内涵。即培养学生如何迅速、准确地获得未知知识的能力，以及对知识理解、消化和更新应变的能力。

其二，老师做学生自主学习的组织者。老师组织学生思考、讨论意象所寄托的情感，注意每个自主学习的环节；不是做维持纪律的“管教”和不断施加压力的“监工”。组织的是学生的思想和思维过程。

其三，老师做学生合作学习的参与者。老师打破以老师为中心的思维模式，以学生为中心，和学生一道解读诗歌，寻找真谛。研究作者的情感，参与学生的感情和想法，提高学生的交流与合作能力。

其四，老师做学生探究学习的引导者。老师把以讲授为主的教学模式，转变为倡导探究和引导发现的教学思路，提出一个意象，就引导学生带着疑问去探究意象的含义。激发学生的学习动机，培养学生的学习兴趣。由已知领域向未知的领域探究，进而丰富学生的人文积淀。

总之，老师的角色做到了立体的、丰满的、多元的。

点评专家：长春吉大附中力旺实验中学　赵秋羽

要点二　人文情怀

要点解读

人文情怀是一种“以人为本”的普遍的人类自我关怀。它表现为对人的生命、尊严、价值、命运的维护、追求和关切，对人类遗留下来的各种精神文化遗产的高度珍视，对一种全面发展的理想人格的肯定和塑造。它关注的是人类价值和精神表现。“人文情怀”是超越个体、超越种族、超越国家，从人类整体甚至宇宙大全的角度思考世界的一种超越性思想观和价值观。这是将全人类联结起来的意识、团结的意识、互爱的意识。

那么，我们怎样培养学生的“人文情怀”呢？

1. 着眼于学科的独有特点，强调人文情怀的教育与提升

不论学科的课程体系，其责任都要为培养学生的“人文情怀”而承担重要任务。老师要以促进学生发展为基础，以学科教育来塑造人的独立品格与大爱意识，要引导学生树立和培养以人为本的观念、意识，尊重、维护人的尊严和价值，培养学生的“人文情怀”。让学生认识到“以人为本”，就是始终把人作为核心，关心人的生存、人的价值、人的尊严，以及人的发展等。以语文学科为例，“人文情怀”的核心素养的教育，要突出语文教材的独有特点，体现语文学科基本的学习属性。语文是语言学科，语文教材的核心是用语言文字书写“人文情怀”。这个层次的语文，起点是文字、词汇、句子、修辞、语法等。任何语言的学习都要由此起步。文章与文学的终点是“人文情怀”。语言具备了完整形态的表达，具

有了结篇的意义。语文的学习，把中国历史上的经典作品、全世界人类历史上形成的优秀作品都包容进去了。文章里包容的东西丰富起来了，但核心仍是“人文情怀”。

其实，各科教材的意义都在于，把人类最美好的文化、最美好的情感、最美好的情怀等一并装入教材呈现给学生，成为教育的样本。这也是今天我们强调文化传承的基本意义。它可以奠基人的思想，培养学生的多维思考和辨析能力，把传统文化精华与现代价值观完美结合，丰富中学生的“人文情怀”。同时，提升“人文情怀”要注重实践性。从教材出发，走向学生实践，指导学生在社会实践中体现“人文情怀”。这需要通过读书，学习科学知识，间接增长人生阅历，获得社会认知，然后启智实行于生活之中。“学以致用”是培养“人文情怀”、提高核心素养发展的重要目标。

行政管理和思想品德教育，是和学科教育并行的教育机制。学校可通过“生命教育”“安全教育”等主题，利用发生在身边的事例来教育学生尊重、维护人的尊严和价值，增强对学生的教育效果。近年来不断曝光的校园欺凌和暴力事件，就是缺乏人文情怀的行为。校园暴力不仅对被欺凌者的身体健康、心理健康、个人发展和幸福等方面造成不同程度的负面影响，带来抑郁、恐慌、人格障碍等问题，还可能导致自杀、暴力、恐吓等恶性事件的发生，给社会、家庭和个人造成难以估量的痛苦和损失。学校要严格按照国家相关政策打击校园欺凌、暴力等行为，注重德育发展，并通过加强人文情怀教育等方式，增强学生的自我保护意识，引导学生尊重、维护自己及他人的尊严和价值。班主任老师可结合实际案例，组织学生开展主题班会活动，探讨防范校园暴力行为的方法，帮助学生提高自我保护能力，引导学生尊重、维护人的尊严和价值，不对别人施展暴力行为。

总之，老师要引导学生树立和培养“以人为本”的观念、意识，尊重、维护人的尊严和价值。

2. 着眼于不同的学段，培养“人文情怀”要进行层级化设计

基础教育分三个学段：小学、初中、高中。每个阶段对“人文情怀”的培养要求是不同的：初级教育（含小学和初中）的要求是通过“生命教育”“安全教育”等主题，利用发生在身边的事例来教育学生珍爱生命、尊重与维护他人的尊严和价值，增强对学生的教育效果，引导学生树立和培养以人为本的观念、意识；高级教育（高中）的要求是在教育过程中，把人作为核心，关心人的生存、人的价值、人的尊严，以及人的发展等，以及“以人为本”的观念在社会领域中的应用和在人类发展史上的价值。

在语言文化学习上，也分初级和高级两个阶段。初步语言阶段，重视词汇积累，重视口语训练，重视语言的交际性，为探索人文情怀奠定基础；在高级语言阶段，阅读本民族从古至今的优秀文学作品，具有良好的领悟能力。增加了文学的学习，语言的艺术化要求提高了，更需要突出人文情怀。在现代社会，不识字的文盲少见了，可是因为缺少经典文章垫底，缺乏人文情怀的人很多，由此一部分人则成为识字的文盲——人文盲、思想盲。

所以，学校“人文情怀”的教育，是在教育过程中，始终把人作为核心，关心人的生存、人的价值、人的尊严，以及人的发展等，是“以人文本”的科学发展观在教育领域中的应用。

3. 着眼于现代人的生存、价值、尊严与社会发展的需要，强调“人文情怀”的现代属性

现代人处于一个特殊的人际活动范围之中，其文化特征是鲜明的。具体地说，是现代人聚集起来，过着现代生活，推动着现代文明的发展，他们渴望发展的也是基于传统文化而重新创造的现代新文化。现代人与现代社会，这个特定环境决定了人文教育所塑造的人，也应该具有现代文化特征，具有强烈的“人文情怀”，在语言表达、思想价值、思维方法上都要

打上这个“现代化”的烙印。这样塑造出来的具有“人文情怀”的人，才能更好地适应现代社会的发展，积极构造现代生活的价值观与行为规则。

学生生存、发展和幸福是人类所关注的永恒话题。面对日益严重的环境污染、食品安全、生态破坏等危害人的生存、发展和幸福的问题，老师可根据教学内容结合新闻热点引导学生思考解决问题的方法和对策，树立环境保护意识，关切人的生存、发展和幸福。家长可通过日常生活中的节约用水、用电习惯和环保生活方式等途径，潜移默化地影响孩子采取适合人生存、发展、幸福的方式去生活和创造价值，提升人文情怀，强调“人文情怀”的现代属性。

名师课例

七年级语文《换一种角度看世界——想象》

执教者：长春吉大附中力旺实验中学　贾春景

（一）导入

师：从今天开始我们将学习第六单元，第六单元都有哪些文章呢？我们一起来看一看，（大屏幕展示课文题目）这些文章与前几单元我们所学习的课文有哪些不同点？

生：前几单元都是写实的文章，这几篇都是虚构出来的。

生：第六单元的课文写的是我们不熟悉的生活，而前几个单元是我们熟悉的。

师：第六单元我们将开始换一种角度看世界，而这种角度就是想象，我们的身份不是皇帝，不是女娲，更不是蚊子，但如果我们具备了想象能力，我们就能摆脱身份的限制，换一种角度看世界。

（二）阐述

师：我想先调查一下，你们觉得自己多大的时候开始具有想象能力的？请举例说明。

生：四岁的时候我开始画画，我会把自己想象成漫画中的人物。

……

师：我们开始想象可以追溯到2~3岁，比如“青梅竹马，两小无猜”中，竹马的例子。男孩子骑上竹竿想象成竹马，拿起树枝，想象成武器，女孩子披上纱巾就变成公主。这个时候我们就具备了想象能力，那么什么才是想象呢？如果让你给想象下一个定义，你会如何定义它呢？

生：真实世界不存在的事情就是想象。

生：不一定是现实世界不存在的，由一种想到另一种事物也可以称作想象。

生：可以是将几种事物的特点抽象为一种事物。

师：就是来源于生活高于生活呗！

大屏幕展示：“想象，是一种人在脑子中凭借记忆所提供的材料进行加工，从而产生新的形象的心理过程。想象力，是人在已有形象的基础上，在头脑中创造出新形象的能力。比如给你竹竿，你却能把它想象成竹马的能力。”

因此，想象是一种思维形式，一种人在脑子中凭借记忆所提供的材料进行加工，从而产生新的形象的心理过程。或者说是思维方法，一般是在掌握一定的知识面的基础上完成的。想象力则是在你头脑中创造一个念头或思想画面的能力。

师：想象以及想象力在生活中具有怎样的作用呢？

生：有人想象给人类插上翅膀像鸟一样飞，21世纪的今天飞机就变成了现实。

生：古代的人想知道地球是什么样子的，于是后来有了宇宙飞船。

生：法拉第的想象让人类学会了运用电能。他的电和磁之间的转换思想，逆向想象，也让我们对事物认识的定理公理又推进了一步。

师：综合以上学生的观点，人类拥有了想象力后极大地丰富和改变了我们的物质生活，我们今天能够上天，能够入地，很多时候都来源于人类神奇的想象力。其实想象力不仅对物质世界产生影响，而且在人类精神世界也会产生神奇的影响，因为自从人类开始拥有想象力后，人类就可以突破自身的局限，完成神奇的变身，变换成的可以是古人，也可以是未来的人，可以是动物也可以是植物，以他们的角度，换一种眼光看世界。它能突破时间和空间的束缚，达到“思接千载”“神通万里”的境域，完成精神的自由。（板书）

（三）探究

师：人类通过想象突破了时空障碍后也对人类的文学领域产生了深远的影响，我们第六单元所学的内容基本都是通过想象来完成的。你能不能举例说明你所知道的文学作品样式里哪些是需要想象来完成的？

生：童话、科幻作品。

生：寓言和诗歌也是。

生：神话故事。

生：动物小说。

师：如此说来想象几乎在很多文学样式里都占有非常重要的地位，可以说失去了想象我们几乎等同于失去了文学的半壁江山。如果说想象力是人们在解决实际生活中遇到的问题逐渐产生的话，那这些想象的作品被创造出来以及流传下来奉为经典的原因是什么？这个问题很大，老师把范围缩小一下，大家小的时候都读过童话和寓言，咱们就来谈谈童话寓言对你产生过怎样的影响。（学生探究讨论，老师指导）

生：《白雪公主》和《七个小矮人》。

生：《龟兔赛跑》。

生：《丑小鸭》。

生：《灰姑娘》。

生：《海的女儿》。

生：《乌鸦和狐狸的故事》《狐假虎威》《皇帝的新装》《农夫与蛇》

《卖火柴的小女孩》……

师：我们读了这么多的童话和寓言，你能说说这些童话和寓言对你产生了怎样的影响吗?

生：通过《卖火柴的小女孩》我开始了解到原来还有人生活得那样悲惨。

师：你开始理解你所未经历的悲惨世界是什么样的，你开始拥有了同情心对吗?

生：对。

生：《丑小鸭》和《灰姑娘》的故事我在现实中都没见过，但是我却非常羡慕他们拥有的经历，还有那些神奇的幸运。

师：这两个故事让我想到一个非常流行的句子：梦想还是要有的，万一要是实现了呢?其实童话在我们很小的时候就种下了梦想的种子，虽然我们现在是只丑小鸭和灰姑娘，但梦想还是要有的，万一有一天变成白天鹅了呢?万一有一天成为王子的新娘了呢?

生：我觉得童话和寓言帮我确立了善与恶的观念，比如《农夫与蛇》，我就知道有些恶人你一定不要同情他，同时我也懂得自己决不能像蛇那样恩将仇报，必须得懂得知恩图报。

师：你的是非善恶观从这里开始形成。

生：我觉得小时候读童话和寓言就是很有意思，但现在想想很多做人的大道理小道理都是从童话寓言里得来的。比如《龟兔赛跑》的故事就教会我不能骄傲。

师：我也很喜欢这个故事，你有没有发现现实生活中我们的角色总是在变，有时候我们是跑在前面的兔子，有时候我们又是在后面努力追赶的乌龟，是兔子时老师和家长就会告诫我们决不能骄傲，否则乌龟也会超越我们，是乌龟时老师和家长就会告诫我们决不能放弃，因为兔子也有偷懒的时候，我们要做那只能跑过兔子的乌龟。

师：童话通过丰富的幻想和夸张的手法来塑造鲜明的形象，用曲折动人的故事情节和浅显易懂的语言文字反映现实生活，抑恶扬善，培养儿童的基本正义观、是非观，起到教育人的作用。

为什么大人们让孩子一边读寓言，一边读童话？（学生讨论）

生：童话都是故事，寓言都是道理。

生：童话里的主人公有神奇的魔法，寓言的主人公没有。

生：童话里的人物特点都特别突出，比如白雪公主的善良。

生：童话的结局往往都是快乐幸福的，别看卖火柴的小女孩死去了，但是她是含着微笑死去的。

师：童话表现出了我们对美好的向往和追求，因此童话里宣扬的往往是生活的现实中最缺少最需要的。人类就是在童话的指导下长大的。白雪公主受了那么多次骗，依然愿意相信别人；灰姑娘尝尽苦难，但依然坚守自己的梦想；海的女儿即便王子根本不记得她，她依旧愿意为自己的爱情奉献一切，无怨无悔。这些都是我们在现实中求而不得的东西，所以更见珍贵，更应该种在孩子们心里。

师：寓言又具备什么特点呢？

生：寓言的人物更接近我们现实中的人物，带有人的缺点，比如人的贪婪、胆小、骄傲，等等。

师：我感悟最深的一个寓言是《狐假虎威》，大家一定会非常羡慕那只聪明的狐狸，可是却想到我自己，大家都管我叫老师，尤其我还是班主任，所以很多学生见我都毕恭毕敬，可是我认真思考后我觉得大家怕的不是我这个人，而是我的身份，我的身份就是老虎，而我就是借用了老虎的威名而洋洋得意的狐狸，自此以后我勤加修炼，我一定要让大家尊敬我这个人，而非我的身份。

师：寓言多来自现实生活，内容多反映人们对生活的看法，或对某种社会现象的批评，或对某种人的讽刺和箴戒。由此及彼，托古讽今，小中见大，突出讽刺性，注重实用性，讲究哲理性，善于启发性。虽然具有虚构的成分，但却是社会现象的高度提炼和概括。如《揠苗助长》《自相矛盾》《刻舟求剑》《邯郸学步》等。

师：每一个人在每一个年龄读童话和寓言都会有不一样的感受，但我想我们的后代还将继续读着童话，读着寓言长大，一边是理想，一边是现实。既明白善之可贵，必知不善也是生活中的一部分，学会追求童话里的善，必得通过寓言学会如何面对他人以及自己身上的不善。生活不只眼前的苟且，还有诗和远方，但要想达到远方活出诗意，必须得知道如何超脱苟且。

（四）总结

师：如何运用想象创造出优秀作品呢？今天老师给大家几个建议。（大屏幕显示）

第一，要积累渊博的学识和丰富的经验。想象无非是对已有的知识、表象和经验进行改造、重新组合、创造新形象。因此头脑中储存的表象、经验和知识愈多，就愈容易产生想象。一个孤陋寡闻的人是很难经常产生奇想的。

第二，要善于把不同种类的表象加以重新组合以形成新的形象。《西游记》中的猪八戒这一艺术形象就是用这种组合法想象出来的。

师：你觉得猪八戒具有怎样的特点？

生：胖、懒。

生：贪吃、好色。

生：爱挑拨离间。

生：总能缓和孙悟空与师父之间的关系，每次悟空出走，都是八戒去找。

生：也很善良，不忍心杀生，每次悟空打死人，他都拦着。

师：其实八戒身上有着我们人类很多的缺点，在现实生活中我们都能找到影子，他的缺点很突出，这些缺点是从不同人身上集中而来的，这个形象会比单一的形象更生动，更具有感染力。但优点却指引他最终也修成正果。

第三，要善于把同类的若干对象中的最具代表性的普遍特征分析出来，然后集中综合成新的对象。“阿Q”的形象，就是鲁迅先生用这种方法想象出来的。阿Q的原型“没有专用过一个人，往往嘴在浙江，脸在北京，衣服在山西，是一个拼凑起来的角色”。

第四，要善于把适合于某一范围的性质扩展到整个等级。想象也可以通过夸张的途径来完成。夸张的关键在于通过用具体的局部去代表未知的整体，从而使整体具体化。比如掩耳盗铃不只适用于盗铃，这个道理在很多领域都行得通。

师：老师最想告诉大家的是第五点，也是最重要的一点，大家看大屏幕（屏幕显示：有想象力而没有鉴别力是世上最可怕的事。——歌德）。

学会了运用想象以另一个角度去看世界，但一定也要知道任何事情都有两面性，必须有明辨是非的能力。我们一定要把人类最美好的语言、最美好的情感、最美好的情怀挖掘并展示出来，为我们的成长助力。

课例点评

本课是义务教育教科书人民教育出版社中学语文七年级上册第六单元的内容。从课程标准上来看本节课应该体现的核心素养是人文情怀的培养。这是一种“以人为本”的普遍的人类自我关怀。它表现为对人的生命、尊严、价值、命运的维护、追求和关切，对人类遗留下来的各种精神文化遗产的高度珍视，对一种全面发展的理想人格的肯定和塑造。它关注的是人类价值和精神表现。“人文情怀”是超越个体、超越种族、超越国家，从人类整体甚至宇宙大全的角度思考世界的一种超越性思想观和价值观。这是将全人类联结起来的意识、团结的意识、互爱的意识。

1. 充分体现了构建核心素养中培养“人文情怀”这一目标，引导学生主动关注对全面发展的理想人格的塑造

（1）本单元的学习内容是想象类作品。

老师不仅关注到想象对文学作品的作用，同时也引导学生关注想象对

人类物质文明及精神世界的引领作用，想象让人类物质世界更丰富，精神世界获得自由。这样，学习不能局限于语文课本和语文课堂，而是将知识的学习和学生核心素养的培养相结合，真正以学生人文情怀的养成，及核心素养的形成为教育目标。

（2）选择巧妙的切入点突破重难点。

在难点突破上，想象在文学领域的作用本来很抽象，老师选取了学生熟悉的童话与寓言为切入点，诸如《乌鸦和狐狸的故事》《皇帝的新装》《农夫与蛇》《卖火柴的小女孩》《狐假虎威》《揠苗助长》《自相矛盾》《刻舟求剑》《邯郸学步》等等，学生非常熟悉而且感受颇多，很容易激发学生的思维。由这两种文体引导学生认识到，这些虚构的想象作品，其实对人类的进步发展都起到很重要的引领作用，它给人类心灵种下最美好的愿望，也通过夸张的想象教会人类生活中一些智慧。

（3）老师很突出的一点是关注到“人文情怀”的实践性，即由文到人。

从教材出发，走向学生实践，指导学生在社会实践中体现“人文情怀”。老师将童话和寓言以及作品中获得的情感体验和自身的生活实践结合起来，让学生从小知道对人的生命、尊严、价值、命运的维护、追求和关切。这样的教学活动是对一种全面发展的理想人格的肯定和塑造。这种“人文情怀”将会超越个体，有助于培养学生的团结意识、互爱意识。甚至是从人类整体角度思考世界的一种超越性的思想观和价值观。如对掩耳盗铃的解读，不只是别人的笑话，自己有时做的也是曾经笑话过的可笑事，竟然还不自知，这一点让学生很受震撼，所以，学生的课堂学习不仅对语文学习产生影响，更对生活实践起到引领作用，让知识真正变成了素养。

2. 教学设计巧妙，以小见大，以大带小，有效丰富了学生的人文情怀

（1）导入。

本节课老师选择单元导读为目标，引导学生摆脱身份的限制，换

一种角度看世界。由写实的单元，导入到“写虚”的单元。在单元学习前，先带领学生进行深入探究，让学生明确学习目标，培养学生对知识进行系统又全面的认识和了解，由想象这一小点，带动整个想象类作品的特点，又由想象类作品的总特点，引导学生学习不同类型的想象类文体，对语文综合学习能力的培养非常有效，对语文核心素养人文情怀的培养也是以点带面，四两拨千斤。

（2）阐述。

童话和寓言在阐述想象类作品对文学的作用时，老师思路清晰，以小见大。使学生不但明确了想象的概念，更明确了童话和寓言所承载的人文情怀。老师由童话和寓言两个点，举重若轻地撬动了整个想象类作品。短短一节课，却融入了学生从前所读过的很多童话和寓言的体验，丰富了学生的情感体验，对本单元的学习和学生的人文情怀的建立都起到了重要作用。

（3）探究。

知道了什么是想象，接着要探究想象的作用。老师循循善诱，循序渐进地启发学生的思维。经过思考讨论，学生豁然开朗，明白了童话是通过丰富的幻想和夸张的手法，来塑造鲜明的形象，用曲折动人的故事情节和浅显易懂的语言文字，反映现实生活，抑恶扬善。这样就高效地培养了儿童的基本正义观、是非观，起到教育人的作用。

由此观之，促进学生探究能力的发展应成为语文教学的重要任务。应在提高学生观察、感受、分析、判断能力的同时，重点关注学生思考问题的深度和广度，使学生增强探究意识和兴趣，形成认真踏实、永不满足、追求卓越的学习态度，增强探究未知领域的意识，使语文学习的过程成为丰富充实人文情怀的过程。

（4）总结。

老师引导学生总结“运用想象创造出优秀作品的方法”，实际就是“授之以渔”，由学习知识到提高能力，做到了举一反三，由理论到实践。

尤其是老师对最后一点的总结，真是画龙点睛，切中要害：任何学习和能力的提升都要以具有鉴别力为基础，没有正确的是非观，是很难拥有正确的价值观的。

通过这节课的学习，丰富了学生的人文情怀体验，让学生在实践中对所学的知识有更深的体会。有利于学生对知识接受的同时，拥有明晰的辨别能力，这也是人文情怀非常重要的一点。

3. 本课关于“构建核心素养，丰富人文情怀”给我们的启示

（1）语文的学习不仅是教材的学习，更应该是以教材为切入点，调动学生已有的阅读经验和生活体验，从而达到将书本知识和学生的阅读经验、生活体验融会贯通，引导学生对这些知识体验进行综合分析，进而引导学生的日常行为，形成综合素质和能力，也就是我们所说的核心素养。

授课对象是初一年级的学生，他们刚刚小学毕业，对人文情怀的概念并不太懂，但对于童话和寓言，却有很深的阅读体会，曾经为故事里的人和事哭过笑过，但是他们却不懂将阅读体会和自己的生活体验相联系，互相借鉴，从而深入思考，引导行为的改变，最终形成人的素养和修养。学生和老师在课堂上对童话和寓言的重新解读，给学生一个全新的视角，去思考已有的知识和体验，并且将自己的行为和童话、寓言里的人物对号比较，会对问题有更深刻、也更贴近自己生活的理解，从而引导学生让书本所学，以及别人身上得到的间接经验直接对自己的思想和行为产生影响，最终完成学生语文核心素养的提高，人文情怀的建构和健全人格的培养。

（2）教学着眼于现实中人的生存、价值、尊严与社会发展的需要，没有失掉“人文情怀”的现代属性。授课时，老师并没有单纯地将授课内容局限在文章本身，而是能够进行有效迁移和拓展到学生身边，将学生读过的童话和寓言与现实生活相联系，引导学生对童话及寓言与自己的精神世界的关系，进行深入理智的思考，很好地引导了学生用这些文学作品关照自己的精神世界，塑造健全的人格。

（3）老师角色不只是传授者，而是通过平等的交流，做高尚的人文情怀的表率。让学生体会老师对学生的尊重，就是愿意与他们分享自己的经历和体会，通过自己的经历让学生懂得，老师学生的交流是建立在学生最大的尊重上的，并不是把他们当成小孩子简单地传授知识，而是把他们当成长大的孩子，平等地交流自己的体会。比如对《小马过河》和《狐假虎威》的寓言的认识，老师坦言自己所犯的错误，也会让学生主动反思自身的经历，以及自己的困扰和不足，而不是被动接受理论。老师的作用是一朵云推动另一朵云，一个灵魂感染另一个灵魂。促进学生心灵的成长，老师自己先做表率，从而主动地向着更好的方面完善自己高尚的人格。

点评专家：长春吉大附中力旺实验中学　赵秋羽

要点三　审美情趣

要点解读

学生发展核心素养中的审美情趣，其内涵主要是指具有艺术知识、技能与方法的积累，能理解和尊重文化艺术的多样性，具有发现、感知、欣赏、评价美的意识和基本能力，具有健康的审美价值取向，具有艺术表达和创意表现的兴趣和意识，能在生活中拓展和升华美。

首先，美是存在于客观审美对象的自然属性，是一种独立于人的意识和意志以外的客观现象。认识美必定是要有人的参与才有可能，所以审美必然不是单纯意义上的自然现象；和谐是基于意识最终的目的，正常的人在正常状况下必然会趋向于追求和谐的东西，所以，和谐是美的内涵之一。比如我们都喜欢好听的音乐，而不是去追逐机器的噪声。真正美的东西也就是在滤掉了所有杂芜之后，最后闪光的那个“和谐”的音符，即那些让你听起来悦耳、闻起来安神、看起来养眼的东西。

但是，审美情趣常常带有个人意识的审美价值取向。很多时候，个人意识常常被深刻地被打上传统文化、伦理道德、家庭教育以及时代背景的烙印。例如，当男权社会鼓吹女人小脚为美时，全天下的女人含泪缠金莲；当红楼梦市井流传时，不少人会为林妹妹的弱不禁风啧啧称赞，称之为“病态美”；“超女”疯狂的今天，我们再开发出瘦身美、骨感美就一点也不足为奇了。这种无视美的自然规律的审美观，与其说是“病态美”，不如说是“美的病态”。

那么，如何培养中学生的审美情趣呢？

1. 通过美术、音乐课程的教学，来培养中学生的审美情趣

审美情趣来源于人的审美理想，决定着人的审美标准，对于人的审美观有着很大的影响，所以教育家都把培养人的健康审美情趣和价值取向作为美育的重要任务之一。通过老师正确的讲解、引导，来培养学生积累艺术知识、技能和方法，从而培养学生的审美情趣。由于青少年的心智、审美还没有完全成型，分辨能力较差，很容易受到不良审美价值观的影响，所以学校和家长要引导学生建立健康的审美观，形成健康的审美价值取向。老师的理论水平相对较高，教学中，能够培养学生发现、感知、欣赏、评价美的意识和基本能力，引导学生形成健康的审美价值取向。

同时，在教学中让学生感受教材的素材之美、思想之美、文化之美。布鲁纳说过："学习的最好刺激，乃是对学习材料的兴趣。"教材中的题材贴近生活，时代性强，信息量大，呈现方式新颖活泼，引人入胜，设计美观大方，栩栩如生。海纳百川，有容乃大。素材无论是现实的，还是虚拟的，无论是人文的，还是自然的，无论是历史的，还是现代的，无论是民族的，还是世界的，都能充分显示出教材的审美趣味，体现以美衍趣、以美激情、以美育智的作用。教材中隐含着丰富的思想品德教育素材，让学生情有所感，理有所悟。爱和美是学校教育的精髓，审美素质的提高，在培育和促成各种心性能力协调而全面发展的同时，也能够使人更加热爱生命、热爱人生，确立一种超凡脱俗的审美精神，这才是人文素质的真正体现。

2. 通过艺术实践活动，来培养中学生的审美情趣

老师通过艺术活动，指导学生了解更多的艺术知识，积累、掌握艺术技能和方法，从而培养、提升学生的审美情趣。以吉林大学附属中学力旺学校为例，每学期都举行艺术周活动。通过展示学生自己的美术作品、歌舞表演、书法、国画、戏剧、曲艺，以及诗词"飞花令"活动，让学生们领略绘画、音乐、汉字、诗词、戏剧之美，体会中华文化的深厚底蕴。所以，学校通过一些具体的课程或活动，来培养学生发现、感知、欣赏、评价美的意识

和基本能力，这是培养中学生的审美情趣的良好途径。

3. 通过家长带领或学校组织外出游学，来培养中学生的审美情趣

我国幅员辽阔，在多元化的社会当中，不同的地区有着不同的文化艺术特点，而且随着经济全球化的发展，会越来越多地接触来自世界各地的文化艺术。学校要培养、提升学生的审美情趣，可以由家长带领或学校组织外出游学，领略祖国山河之壮美，人文古迹之意蕴，区域文化之特色，引导学生理解和尊重文化艺术的多样性，以包容的心态去了解不同的文化艺术，从不同的文化艺术的感受当中，提升自己的审美情趣。也可以通过与异地人士的交流或者到各地进行专门的艺术培训，来培养孩子的审美情趣。吉林大学附属中学力旺学校每学年都走出去，到故宫、长城、中山陵、西湖、井冈山、滕王阁等地游学参观，还到本市的北湖公园亲近大自然。他们常常走出国门，去以色列、美国、日本、新加坡和欧洲各地游学，接触异域文化艺术。法国著名雕塑家罗丹曾经说过："世界上不是缺少美，而是缺少发现美的眼睛。"生活中并非没有美，而是需要拓展和升华。要发现生活中的美，就要培养学生对艺术表达和创意表现的兴趣和意识，兴趣才是最好的老师。例如吉林大学附属中学，经常让学生在具体的活动中提升自己的审美情趣，根据主题进行艺术表达和创意表现，发现、拓展、升华生活中的美，卓有成效地培养了中学生的审美情趣。

名师课例

八年级美术《用色彩表达感情》

执教者：长春吉大附中力旺实验中学　霍侠志

（一）导入

师：有一副春联，上面写的是"春游青草地，夏赏绿荷池，秋饮黄菊

酒，冬吟白雪诗”。春夏秋冬，似乎每一个季节都给它定义了一个色彩，我们看屏幕上的四张图，谁能告诉我，哪一张图代表的是春天？

生：第三张。

师：夏天呢？

生：第一张。秋天，第四张。冬天，第二张。

师：既然大家都能够通过画面直观地感受到春夏秋冬，那我想问你们，你们是通过什么来感受到的呢？

生：色彩。

（二）阐述

师：这节课我们就来讲《用色彩表达情感》。我们先来看一段视频。（视频播放，完毕）这是我们学校国庆快闪的一个短视频，通过这个视频，你注意到了什么颜色？

生：我注意到了红色，因为这个视频的主要颜色就是红色。所有的学生手中都拿着国旗，上面还挂着一个很大的国旗，红色的国旗代表着国庆。

师：通过红颜色联想到国旗，联想到其他的一些具象的东西。通过红色你能想到哪些实物？

生：“红苹果”“红灯笼”“红樱桃”……

师：那它带给你心里的一种感受，或情绪、或心情方面是怎样的呢？

生：喜庆。

师：还有其他一些什么感觉吗？（众）热闹、乐观。哦，每名学生的感受都不一样，其实我们能够想象得到的有火焰、鲜血等等。那它给人的感觉就是热情、喜庆、警惕。这里所说的警惕大家能够感觉得到么？比如警示灯是不是红色啊？交通中用到的红绿灯，是不是也用到了红色啊？然后禁止的标志也都用红色来代替。看过红色，再看这一张呢？

生：蓝色。

师：那蓝色给你的一种感觉和联想都是什么呢？

生：水、天。

师：给你什么感受呢？哦，你们说有一点点忧郁。那你们看没看到那种能拉伸的空间感呢？有没有辽阔的感觉呢？想没想到大海？有些人认为有一点点忧郁、沉静，能想到辽阔。那这张图，黄色觉得怎样呢？

生：舒服、阳光、温暖。

师：温暖，特别准确。

生：雍容华贵。

师：很多电影场景中运用的一些镜头和海报都和我们的色彩有着密切的关系。比如说电影《山楂树之恋》，还有《唐山大地震》。《山楂树之恋》我们看这个海报整个的颜色是什么色调？

生：绿色。

师：绿色调。有深绿、有中绿、有翠绿。那这几种颜色的色彩关系和变化与《山楂树之恋》电影的主题有哪些内在的联系呢？

生：生机勃勃。象征着这个爱情故事是美好的、清纯的。

师：其实也是青涩的。那《唐山大地震》这个海报就比较直观了，这里用了一些深的黑灰颜色。寓意是？

生：事件是凄惨的。

师：嗯，还有就是灾难和苦难性的。大象万千，这种大象万千就自然而然地会有五彩缤纷的色彩。这里，我和大家做个小游戏。（打开 PS 软件）现在我没有调颜色，你觉得这是什么颜色？

生：黄色，充满向往。

师：好，那我现在把它进行了一些变化，这个时候呢？

生：红色，要有危险发生。

师：那我再进行一些改变。这个时候呢？

生：有点像鬼故事里阴暗的小巷子。

师：那我这个时候可能要进行一个大的变化。我增强一下它的对比度，然后给它偏一些洋红的颜色，这位女学生，请你回答。

生：我感觉比较吓人，恐怖、惊悚。

师：其实我们在欣赏色彩的时候，往往都要带着一种审美的情趣去理解。因为你所喜欢的色彩和你所表达的感情，它们是和谐地统一在一起的。这时，再去理解教材上的一些作品就相对比较容易了，因为我们知道了色彩都能代表哪些感受。

我们来看一下张大千的这幅作品，这是一张泼彩画，它应该是表达一种什么样的情绪呢?

生：一种隐喻，特别宁静，意境很幽深，气势很盛大。

师：因为它有一种空谷幽深的感觉，而且它整个运用了大量的绿和蓝，形成了气势磅礴的一个景象。

我们再来看，赵无极的油画和德·斯塔尔的作品，这两张作品，我觉得这不是一般学生能够回答出来的，我觉得男学生可能对色彩更加敏感一些。（点学生）以你对色彩的理解，你分析一下，这两幅抽象作品表达了艺术家什么样的情感呢?

生：我感觉他就是画着画着失误了。他原来应该画的都是黄色，就不小心把绿色都涂上了。

师：哦，其实不是。这里老师要解释一下，其实教材上这几张作品都是抽象类的。抽象的定义是什么？就是它不需要表现太具象的东西。如果是具象的东西，你一眼就能识破他画的是什么，而抽象的作品是靠你的想象，靠你的联想才能感知的。你不能够拿生活中的一个实物来进行一个对比或者是吻合，这是不可能的。实际赵无极的这张作品，他大面积的黄和大面积的绿形成了特别强烈的色彩冲击。这个画家是特别重视表现肌理效果的，我们看画面上黄色的区域，里边有斑驳的一些白色，还有不规则的一些橙色。整个绿色里又似大海，甚至有波浪在里边翻滚的感觉。他诉说的整个就是一个自然的大千世界。

到德·斯塔尔这一张的时候，就变成了冷抽象了。冷抽象我们应该知道蒙德里安，蒙德里安就是冷抽象的代表，比如《红黄蓝构图》，整个画面就是大面积的拼接，然后你又能感觉出有船有帆。以色块为主的这种构成，就像老师手里的这块布，这就是一幅抽象画，如果你把它定义为抽象，它就应该是冷抽象，它没有要具体表达什么，而这就是他认识的一个色彩，而这些色彩和谐地统一到一个画面上，就表达了创作者想表达的一种情感。所以说抽象画，就应该是大胆的。

我们再去理解吴冠中的作品，吴冠中是中国比较典型的一个开山领路人。这幅作品如果从我们视觉上看，你们感觉是不是像用毛笔甩到上面的？抽象画的内涵都是比较深的，而且是靠我们随意发挥和联想的。我们看到了黑白灰，还看到了哪些比较直观的色彩呢？

生：红绿黄。

师：这时我们会发现这些比较亮的色彩都往前跳，那些比较灰的色彩都向后移，它就像一个星球一样有前有后，这种画法纵深感特别强，拉伸出较大的空间。原来他是在表达自己对家乡的热爱。以吴冠中先生自己的话语来说："点线面是自家的原料，自家的色相黑白灰。黑白灰中间又糅杂着红绿黄，自斟自酌自得意，今日且醉自家作坊里。"因为南方的这种小景，比如说宏村、西递村等等，它们多是一种黑白的小建筑。

我们了解了这么多，再去理解一些偏于具象的作品就不难了。比如说梵高的《向日葵》，你认为《向日葵》表达的是一种什么情感？

生：比较温暖。

师：黄色比较温暖，比较热烈。再来欣赏一下野兽派的鼻祖马蒂斯的作品《红色的和谐》，画面上没有特别明确的这一条结构线，但我们却能够从视觉上一点点判断出桌子上有一条向上折的结构线。他把所有的立体东西都拍平了，在画面里形成了两个大的色块，所以说叫《红色的和谐》。那他想表达什么情感呢？

生：我认为应该是比较喜庆，应该是有一个什么节日，一直在家里准备节日。室内与外面形成了对比色。

师：你这样猜测是可以的，因为在你不理解一幅作品的时候，就应该大胆去想象，你根据色彩能给你带来哪些情感，再去分析作品。

我们再去理解蒙克的《呐喊》，蒙克是属于表现主义的。呐喊，有一种声嘶力竭的感觉。画面里大面积的橙色和蓝色构成了画面的主基调，它给你的感觉是什么样的呢？

生：惊恐，心潮澎湃的感觉。

（三）实践

师：现在我们进行课堂实践。先听一首歌曲，思考哪一个情节或旋律打动你，你就用你的色彩来表达这个情感，来创作一幅作品。这个作品可以是具象的，可以是抽象的，也可以是具有装饰性的。

（听歌并观看视频，歌曲完毕，老师巡视课堂，答疑解惑）

师：请向大家展示一下你的作品。能分享一下你的心得和这样创作的理由么？

生：听这首歌的时候，我感觉情境是特别美好的，然后我就用了很多种颜色，我用了好多线条，这些线条是流动的、灵活的，是符合这首歌曲的旋律的。

师：和音乐结合在一起，用了这些色彩及线条进行一种流动的，带有节奏感的、韵律感的色彩画。

（走向另一个学生）

师：这不是一张典型的装饰及偏于蒙德里安的那种类似于抽象一点的色块么？那你能谈一下你这幅作品表达的是一种什么样的心情么？为什么选择这样大面积的深颜色呢？

生：开始的时候，对着月亮，他在想着他喜欢的那个女孩子吧。思念一般都在深夜之后，是一种孤独与纠结的心情。

师：在一个寂静的夜，这个时候特别适合思考，在这样的情境里边，就适合用这样的色彩来表达。付同学，我看你画的色彩好像很鲜艳，你的色彩想表达什么情感？大家听她解读。

生：我画的是一种蓝绿的对比，比较洒脱自如。

师：这种色彩和她的心情是完全吻合的。她特别大胆，将两个视觉冲击力特别强的色彩并置在一块。还有没有哪位学生想和大家分享？

生：为什么画这幅画呢？因为我感觉到歌曲里有一个初次走向社会，处处碰壁，到处打拼的年轻人，他把自己的心封锁起来，总是把自己的“刺”对准别人，他将自己的心包围起来，害怕再受到伤害。

师：他没有用大面积的色彩，仅是用了单色的线条，结合纸张的白色，其实留白本就是一种艺术，他用这样的线条表达了他的心情，这也难能可贵。

胡同学画的是一个很典型的具象的作品，你来给大家分享一下？

生：听着音乐里有一些伤感，这些忧愁让我联想到了现在年轻人怕虫子；又联想到了结婚、恋爱，用了很多特别喜庆的红色。

师：我觉得你的色彩搭配的很好，你和大家分享一下？

生：我是随感而发的。

（四）小结

师：其实抽象画就比较重视即兴的表达，即兴可以是天马行空的，但一定是和你的情感和审美趣味一致的。既然大家知道了原来色彩可以这样去抒情，那生活中色彩都有哪些应用呢？家中的装饰都是用色彩来表达的；服装颜色的搭配决定于你的审美态度；广告的色彩传达产品信息。

在平凡的学生生活中，我们或许都已经感受到了美的力量，而它无限丰富的内涵也在等待我们不断地去发现，用心生活，用心发现，我们每个人都是美的世界里最靓丽的风景。最后我们来听一下闻一多对色彩的阐释：“生命是张没有价值的白纸，自从绿给了我发展，红给了我热情，黄教我以忠义，蓝教我以高洁，粉红赐我以希望，灰白赠我以悲哀，再完成这帧彩图，黑还要加我以死。从此以后，我便溺爱于我的生命，因为我爱它的色彩。”

课例点评

《用色彩表达情感》是义务教育教科书人民美术出版社中学美术八年

级上册第四课的内容。从课程标准上来看本节课应该体现的核心素养是审美情趣的培养。审美情趣的内涵，主要是指具有艺术知识、技能与方法的积累，能理解和尊重文化艺术的多样性，具有发现、感知、欣赏、评价美的意识和基本能力，具有健康的审美价值取向，具有艺术表达和创意表现的兴趣和意识，能在生活中拓展和升华美。

1. 本课卓有成效地突出了重点——核心素养之“审美情趣”的培养

（1）让学生逐步掌握艺术知识、技能与方法。

（2）理解和尊重文化艺术的多样性，具有发现、感知、欣赏、评价美的意识和基本能力。

（3）具有健康的审美价值取向。

（4）具有艺术表达和创意表现的兴趣和意识，能在课堂实践中拓展和升华美。

（5）因材施教，有针对性地培养学生感知美的能力。

2. 紧紧围绕核心素养的培养进行教学设计

（1）导入。

首先通过图片导入。四幅图片，相同背景，不同颜色——浅绿、深绿、黄色、白色——代表了春夏秋冬四个季节，由浅入深，循序渐进，逐层剖析。

（2）阐述。

从普及审美知识起步，落实到提高审美的能力上，从理论研究，到审美实践，使学生深刻理解了色彩与情感表达，对各种风格的作品都有了新的认识。

（3）实践。

课堂实践中，引导学生进行艺术创作。学生热情高涨，在短暂的课堂时间内，完成了各具特色的作品。由于时间有限，只展示了五幅学生作品，小作者充分表达了自己独特的情感。课堂做到了少教多练，注重能力培养和正确审美价值观的形成。

（4）小结。

我们的日常生活中，到处都充满了色彩。色彩正在从视觉、味觉、听觉等方面影响着我们，因为色彩常常带有一种情感，或与你想表达的情感密切相关。为了能在有限的课堂时间内实现高质量、高效率，霍老师将这节课进行了深加工，以便于学生理解，并有效结合课堂实践来实现教学目标。

3. 呈现了核心素养导向下培养审美情趣的三部曲

（1）让学生了解色彩与生活的关系，从而理解色彩与情感表达的内在关系，其中还设计了小游戏环节，一幅图片，色彩不断变换——黄红蓝黑白，表现了欢乐、忧伤、深沉、恐惧、凄惨等不同情绪，加深学生对审美情趣的理解。

（2）学生感觉到了色彩带来的心理效应，然后分析教材中提供的抽象风格的经典名作是如何用色彩表达思想情感的，学生大多能够有依据地侃侃而谈，接着又成功地剖析了比较知名的印象派、野兽派、表现主义等偏于具象的画作，学生审美能力的提高，让人感到意外。

（3）老师通过音乐和视频为学生的自由创作提供线索，这样学生能够大胆地去尝试，来表达自己的情感。课堂最后设计了互动分享环节，学生现场创作，并讲述自己作品的构思与寓意，这个过程大大提升了学生的自信心，使学生之间产生情感共鸣。在这个基础上，老师再去扩展和延伸，引导学生课下多体悟色彩在生活中的应用，进而提升他们的创作欲和审美情趣。

4. 构建核心素养导向的新课堂，值得借鉴的几个特点

（1）由浅入深，循序渐进，学习氛围浓郁，学生参与度高。

美，本身是抽象的。但是老师从具象的四季图片入手，用国庆活动中红色的国旗和故宫的黄色屋顶做过渡，一直到张大千、赵无极、吴冠中、德·斯塔尔的抽象画，最后品味梵高、马蒂斯、蒙克的世界名画。由于由浅入深，循序渐进，学生容易理解，大家热情高，广泛参与，一个都没少。大家审美能力的提高是无形的，却是显著的。

（2）内容丰富，知识延展度深；情趣健康，心灵受到净化。

这节课内容丰富，学生兴趣盎然，有图片，有视频，有音乐：知识延展度深；有讲解，有讨论，有实践：老师学生协作，和谐度高。除了有强烈的视觉冲击，还有心灵的洗礼。比如，谈起故宫，学生有自豪感；谈起唐山大地震，学生有责任感；谈起国庆活动，学生有庄严感。这些健康的审美情趣，使心灵受到净化，释放了满满的正能量。

（3）从普及审美理论知识，到提高审美实践能力；学习练习度高，教学整合度强。

老师的理论讲解清晰透彻，将作品的寓意情感及原因，清晰传达给学生，然后学生付诸实践，学习练习度高，收获成果丰硕，教学整合度强，效果自然是立竿见影。

例如：课堂练习之后，学生展示自己的作品。学生甲说："我听这首歌的时候感觉情境是特别美好的，所以，我就用了很多种颜色，我用了好多线条，这些线条是流动的、灵活的，是符合这首歌曲的旋律的。"老师肯定了她的作品，鼓励说："作品和音乐结合在一起，用这些色彩及线条构成了一种流动的、带有节奏感的、韵律感的色彩画。你真棒！"

这时，学生乙也展示了他的作品。老师问道："这不是一张典型的装饰及偏于蒙德里安的那种类似于抽象一点的色块么？那你能谈一下你这幅作品表达的是一种什么样的心情么？为什么选择这样大面积的深颜色呢？"学生充满激情地答道："开始的时候，对着月亮，他在想着他喜欢的那个女孩子吧。思念一般都在深夜之后，是一种孤独与纠结的心情。所以，我就创作了这幅作品。"老师补充说："在一个寂静的夜，这个时候特别适合思考，在这样的情境里边，就适合用这样的色彩来表达。好!”

（4）多媒体的创新应用，实现了少教多练、高效课堂的目标。

本课杜绝了“满堂灌”的现象，多媒体的创新应用，传输了大量信息，使老师节约了课堂讲授的时间。40 分钟的课堂，15 分钟以上的实践活动，极大地提高了课堂效率。整个教学过程中，一方面老师在引导学生理解色彩与情感的关系，在不断渗透审美方面的知识，另一方面，学生在老师引导下，动手操作、实践，使学生了解色彩承接的相关情感，学会了用色彩来表达情感、情绪。并通过欣赏、分析作品所表达的情感，感知不同色彩搭配所体现的审美情趣，传达出的不同情感特点。学生感受到了素材之美、思想之美、文化之美，培养了学生发现、感知、欣赏、评价美的意识和基本能力。学生以审美的眼睛来感受生活、看待世界、传达自己内心的情感。实现了高效课堂的愿望，构建成了核心素养导向的审美情趣的新美术课堂。

点评专家：长春吉大附中力旺实验中学　赵秋羽

专题二◆科学精神

《中国学生发展核心素养》中的文化基础，意指学生通过人文、科学各领域知识的学习而形成的符合时代要求和中国特色的文化素质。文化基础分为两种具体的素养：人文底蕴和科学精神。人文底蕴和科学精神与文明人和现代人的培养具有内在的关联。从理论角度来说，人文底蕴是文明人的基本标识，科学精神则反映现代人的基本品格。

科学精神是中国学生必须具备的六大核心素养之一。如果说，人文底蕴是对于一个合格文明人的最低要求，那么科学精神就是对一个合格现代人的最低要求。我们当下这个精彩纷呈的现代化世界，不是上天恩赐的，而是人类本着科学精神，用智慧的头脑和勤劳的双手创造出来的！

科学精神主要包括三个要点：理性思维、批判质疑和勇于探究，这三者是构建科学精神的三大支撑，互相联系，互相补充。

要点四　理性思维

要点解读

1. 什么是理性思维

通常，对于理性思维的解释是：它是一种有明确的思维方向，有充分的思维依据，依赖于逻辑关系对所研究的对象进行观察、比较、归纳、抽象，概括出相应的判断或结论的一种思维。要想很好地理解理性思维的本质，就不能不谈及感性思维。感性思维是通过人的感官，获取对事物的直接认知。比如，对于成熟的西红柿，通过观察，我们可以初步得出一些结论：通常呈球形，拳头大小，红颜色，味道酸甜。一般来说，感性思维对于事物的认识往往是表面的、浅层次的；而理性思维对于事物的认识则常常是内在的、深层次的。

我们以海王星的发现为例，进一步说明什么是理性思维，什么是感性思维。

我们知道，太阳系的八大行星是通过观察而发现的。这就是感性思维的结果，通过直接观察确定了 8 个行星的存在。在对 8 个行星的研究过程中，天文学家发现了一个令他们不解的问题：天王星的运行速度有时快有时慢，与用牛顿万有引力定律计算的结果不相符！是牛顿万有引力定律错了呢？还是天王星有问题？为什么其他 7 个行星的运行规律都符合定律，唯独天王星不是呢？如果牛顿力学定律具有普适性，那就只能是还有另外的因素影响着天王星的运行。人们开始猜测还应该存在着一个未知行星，它与天王星相对近些，对天王星的运行产生着一定程度的影响。

但这个未知行星在哪里呢？浩瀚宇宙、茫茫星海，若盲目寻找，比大海捞针还难！在科学探索的道路上每遇到阻碍时，总会有人挺身而出。当时，有两位年轻的科学家克服了重重困难，分别独立地根据已观测到的天王星的数据，逆向推导，计算出了未知行星可能的位置，为寻找它锁定了范围。不久，果然有人在此范围内观测到了该行星，并命名为海王星。这不仅证实了人们关于存在该行星的猜想，更是凸显了逻辑的力量，是理性思维的重大胜利！

从这个经典的案例中我们可以体会到两种思维的不同：感性思维主要靠自己的经验和直觉，去思考和判断；而理性思维主要是靠已经掌握的科学的方法，去思考和判断。

2. 理性思维与感性思维的联系

在人的思维过程中，感性思维与理性思维是相辅相成的，不能完全割裂开来，理性思维是建立在感性思维的基础之上的。比如，在化学课上研究红磷在氧气中燃烧的化学反应，我们首先看到的现象是：燃烧剧烈，发出白光，生成大量的白烟，这是我们对于红磷在氧气中燃烧的直观认识。

为什么会发生这样的现象呢？所生成的白烟是什么物质呢？这就需要在实验的基础上，根据质量守恒定律进行理性分析，进一步得到化学反应方程式。化学是一门以实验为基础的学科，其理论是建立在实验事实之上的。

3. 理性思维对于人类的重大意义

理性思维对于人类的意义是非常重大的：人类是万物之灵，灵在哪里？在思维。这是人与其他动物的根本区别，而理性思维又是思维的最高形式。人类几千年的文明史，从根本上讲是理性思维的结果，特别是现代文明的创立，更是要归功于理性思维。就个人而言，具有理性思维才能在日新月异的现代社会中较好地发展。否则，可能连生存都困难。

理性思维不是先天具有的，而是后天学习、培养的。因此，在基础教育阶段，加强理性思维的培养是中、小学校的一项重要工作。唯有这样，才能保证未来的国家栋梁们从小就具有良好的理性思维素养。

4. 怎样培养理性思维

（1）培养学生缜密、严谨思考问题的习惯。

理性思维的一个重要特征，就是考虑问题全面、周详，思路清晰。这就需要老师的有意培养，严格要求。一个马虎大意的人是不可能思维缜密的，在一定意义上讲，“马虎”就是理性思维不强的外在表现。

（2）加强平面几何的教学和学习。

初中的几何知识基本上是欧氏几何的内容。而欧氏几何是几千年来被公认的逻辑严谨的数学体系，是体现理性思维的经典范例。在这之后，许多科学体系都是学习这种公理演绎的方式而建立的。同样在数学教育领域里，学习演绎推理也是公认的重要的教学内容。其实，平面几何的知识已经不是很重要了，重要的是它的数学思想方法，对于培养逻辑思维能力的教育价值，至今还没有哪门课程能取而代之。

（3）培养理性思维不只是理科的责任，文科也需参与其中。

不要以为培养学生的理性思维，只是理科的事情，与文科无关。实际上，在我们生活、工作、学习等活动中，理性思维无处不在。比如与人交流时，需要说话，那么先说啥，后说啥，要有条理性，不能颠三倒四，令人听不懂。学生理性思维的养成是各学科协同合作的结果，不是某单一学科能单独完成的。

（4）学习必要的逻辑知识。

既然理性思维具有严谨的逻辑性，那么就应该学习必要的逻辑知识，特别是形式逻辑的知识。

（5）画思维导图。

近些年来，画思维导图已在中小学各科教学中普遍推广，成为帮助学生梳理知识的一个有力工具。而且，也是培养学生逻辑思维能力的一个重要手段。梳理知识之间的因果关系，就是一个遵循逻辑的过程。

名师课例

八年级数学《勾股定理》

执教者：长春吉大附中力旺实验中学　姜殿飞

师：同学们，我们在研究三角形时，主要是要研究三角形边的关系、角的关系，以及以后我们要研究的边角关系。对于一般三角形是这样研究的，那么对于特殊三角形——直角三角形，它的边有怎样的特殊关系？谁知道？想一想。

生：在直角三角形中，两直角边的平方和等于斜边的平方。

师：好！我们把这条定理称为勾股定理。在昨天老师下发任务单之前，有谁听说过勾股定理？举手告诉老师。好，通过查找资料，我们都对勾股定理有了一个简单的了解，谁能和大家分享一下？

生：在我国，《九章算术》中有记载，勾是三，股是四，弦是五，在外国最早发现的是毕达哥拉斯，因此在我国把它叫勾股定理，在外国叫毕达哥拉斯定理。

师：我国在勾股定理的发现上做出了巨大的贡献。谁还能和大家分享你的收获？

生：我查到是我国商朝的商高最早发现勾股定理的。

师：在哪里有记载？

生：《周髀算经》记载了商高的发现，同时在大禹治水时期就用到过这些知识，我国的发现要比西方国家早500年。

师：这是我们引以为傲的发现！（掌声）

生：我查到一个有关勾股定理的故事：一个叫加菲尔德的人，一天在公园散步，看见两个小男孩在长椅上画直角三角形。一个小男孩问加菲尔德，在直角三角形中，两条直角边长分别是3、4，那斜边是多长？加菲尔德说是5。小男孩又问：“为什么？您能说出其中的道理吗？”加菲尔德没说出来，回去后仔细研究证明了勾股定理。

师：谁知道加菲尔德的身份？他可不简单呀！

生：他是美国的第20任总统。他一开始对数学并不感兴趣，通过这次事件他便对数学产生了兴趣。

师：在西方，毕达哥拉斯也发现了勾股定理，有关毕达哥拉斯发现勾股定理还有个故事，谁查到了？

生：毕达哥拉斯去朋友家做客，发现地板砖是由若干个全等的等腰直角三角形拼成的（课件展示），直角边上有四个等腰直角三角形，拼成两个正方形，斜边上有四个等腰直角三角形，正好拼成一个大正方形，因此两个小正方形的面积和等于一个大正方形的面积，小正方形的面积是直角边的平方，大正方形的面积是斜边的平方，因此就得到了等腰直角三角形两直角边的平方和等于斜边的平方。

师：这是一种传说，有的资料说是毕达哥拉斯学派发现的，无论是毕达哥拉斯本人还是他的学派共同的研究结果，这个惊人的发现都是一个很值得庆祝的事件，因此他就杀了100头牛来庆祝，后来也称“百牛定理”。

师：商高也好，毕达哥拉斯也好，当他们发现特殊直角三角形的边有这种关系后，他们大胆地猜想，对于普通的直角三角形也应该具备这种性质，在直角三角形中，两直角边的平方和等于斜边的平方，那这条定理如何用几何语言来描述呢？

生：在直角三角形中，如果两条直角边长分别是 a 和 b，斜边长为 c，那么就有 $a^2+b^2=c^2$。

师：一定是 $a^2+b^2=c^2$ 吗？

生：不是，在直角三角形中，如果两条直角边长分别是 c 和 b，斜边长为 a，那么就有 $c^2+b^2=a^2$。

师：所以在利用勾股定理时，一定要强调哪个角是直角，这是个前提条件。勾股定理揭示了直角三角形的三边关系。商高也好，毕达哥拉斯也好，当他们发现特殊直角三角形的边有这种关系后，他们大胆地猜想，然后想知道对于任意直角三角形是否还成立，他们进行了大量的验证，随着科技的不断发展，今天我们用几何画板这一工具，再来验证勾股定理就容易多了（打开几何画板）：任意画一个直角三角形，通过软件的测量工具，测量出三边长度，再利用计算工具算出两直角边的平方和与斜边的平方，然后改变图形大小，观察两直角边的平方和与斜边的平方是否相等。完成验证过程。

师：在上述验证过程中，无论如何改变三角形的大小，终究还是特殊直角三角形，要想知道 $a^2+b^2=c^2$ 是否适合任意的直角三角形，我们还需给出合理的证明。无论是我国还是西方国家，很多数学爱好者都给出了证明，那它有多少种证明方法？

生：300 ~ 500 种。

师：既然有这么多的证明方法，那我们学会了哪些呢？谁愿意和大家分享一下你学到的证明方法？

生：（画图）利用两种不同的方法表示大正方形的面积，第一种，大正方形的边长为 $a+b$，面积为（$a+b$）^{2}。第二种，大正方形面积等于四个小三角形的面积与中间小正方形面积的和，即 $4\times\frac{1}{2}ab+c^2$，因为（$a+b$）^{2} 与 $4\times\frac{1}{2}ab+c^2$ 都表示大正方形的面积，因此有（$a+b$）$^2=4\times\frac{1}{2}ab+c^2$，化简得：$a^2+b^2=c^2$。(掌声)

师：非常好，思路清晰，好！有谁和他的方法相同呢？

生：（举手）利用现有的直角三角形纸板在黑板上拼出上图。

师：这种证明方法非常巧妙地借助图形面积证明了勾股定理，那我想知道这是谁想到的呀？又是什么时期的人？

生：我国清朝邹元志的证法。(掌声再次送给该生)

师：你还有其他的证明方法吗？

生：（欧几里得）沿直角三角形的三个边分别向外部作正方形 $ABFG$、正方形 $ACHK$、正方形 $BCED$，连接 FC、AD、AE、BK，再过点 A 作 $AQ\perp DE$ 于 Q，交 BC 于 O，易证 $\triangle FBC\cong\triangle ABD$，因为 $S_{\triangle FBC}=\frac{1}{2}S_{正方形ABFG}$，$S_{\triangle ABD}=\frac{1}{2}S_{正方形BDQO}$，所以 $S_{正方形BDQO}=S_{正方形ABFG}$，同理 $S_{正方形CEQO}=S_{正方形ACKH}$，所以 $S_{正方形ABFG}+S_{正方形ACKH}=S_{正方形BDEC}$，即有 $a^2+b^2=c^2$。（掌声）

师：条理非常清晰，补充一点，我们再连接 AF、DQ，$\triangle FBA$ 与 $\triangle FBC$ 是同底等高的，所以 $S_{\triangle FBA}=S_{\triangle FBC}=\frac{1}{2}S_{正方形ABFG}$，同理 $S_{\triangle ABD}=S_{\triangle OBD}=\frac{1}{2}S_{正方形BDQO}$，所以有 $S_{正方形BDQO}=S_{正方形ABFG}$，$S_{正方形CEQO}=S_{正方形ACKH}$，所以 $S_{正方形ABFG}+S_{正方形ACKH}=S_{正方形BDEC}$，即有 $a^2+b^2=c^2$。这就是欧几里得的证法，很有挑战性。

师：还有其他的方法吗？

生：（赵爽弦图）利用四个全等的等腰直角三角形的斜边在外拼出一个大正方形，它的面积是 c^2，这个大正方形的面积还等于四个等腰直角三角形的面积和加上中间小正方形的面积，即 $4\times\frac{1}{2}ab+(b-a)^2$，所以 $c^2=4\times\frac{1}{2}ab+(b-a)^2$，化简得：$a^2+b^2=c^2$。

师：好，那这种方法又是谁证的呢？还有哪些和他有关的故事呢？

生：这是我国三国时期赵爽的证法，这个图又称为赵爽弦图。2008 年在北京召开的数学家大会的会徽就采用了赵爽弦图。

师：没错，采用赵爽弦图做会徽彰显了我国人民在科学发展道路上的伟大贡献。

师：回顾这几种证明方法，它们之间有怎样的联系？

生：它们都是借助图形的面积来证明勾股定理的。

师：这正是数形结合思想的完美体现。

师：谁还有要和大家分享的方法？

生：（加菲尔德的证法）用两张全等的直角三角形纸板，拼出一个梯形，用两种不同的方法表示梯形面积，$\frac{1}{2}(a+b)^2=2\times\frac{1}{2}ab+\frac{1}{2}c^2$，化简得：$a^2+b^2=c^2$。（掌声）

师：这就是加菲尔德的证法，也称总统证法。今天我们用了一节课的时间，多角度地证明了勾股定理，那你们有哪些收获、困惑、想法和大家分享？

生：钝角三角形、锐角三角形三边的平方有什么关系？

师：这个问题非常有价值，那我们应该怎样去研究呢？

生：先猜想，$a^2+b^2>c^2$。

师：然后怎么办？

生：通过测量进行验证，如果成立再想办法去证明。

师：那我们今天就留这道思考题，回去研究一下钝角三角形、锐角三角形三边的平方有什么关系。

师：你有哪些收获？或学到了什么方法？

生：我们学会了证明勾股定理的五种方法；学会解决问题的方法——转化。

生：我们还学会一种思想——数形结合，收获一份自豪——中国人的骄傲。

师：今天就上到这里，下课，同学们再见！

生：老师再见！

课例点评

《勾股定理》是华东师大版初中数学教材八年上册第14章第一节的内容。本节课是本章的起始课，学生通过课前预习基本上能够掌握定理的内容和几种经典的证明方法，在预习过程中不断提高自主学习的能力，课堂主要是以学生汇报为主，和大家分享勾股定理的故事及证明方法。

本节课的教学价值在于通过《勾股定理》的发现及证明过程使学生感受知识的产生、发展要经历“猜想—验证—证明”的过程，同时产生民族自豪感，有效地提高学生的爱国热情。

全课立足于核心素养之“理性思维”的提升，教学环节层层推进，充满理性思维的碰撞，同时洋溢着浓厚的爱国情怀，给予学生足够的时间和空间思考。核心素养之“理性思维”落地课堂。

1. 情境引入

老师课前的导入，能够有效地从已知到未知，从一般三角形边的关系自然过渡到特殊三角形边的关系，抓住机会提出问题，整个环节自然流畅。

学生课前准备充分，通过阅读勾股定理背后的故事，能够了解我国伟大的数学家的丰功伟绩，同时也让学生感到知识无国界。

2. 介绍勾股定理

通过老师的引导，学生能够提出用数来刻画直角三角形的三边关系，明确直角三角形的边与角的对应关系，不同的三角形对应的边不一样，不能用统一的字母来表示勾股定理，让学生学得活，学得扎实，不仅知其然，更要知其所以然。

3. 猜想—验证—证明

这一环节可谓是本节课的一个亮点，也是本节课的重心所在，以勾股定理这一命题为载体，数学家们大胆地猜测出直角三角形两条直角边的平方和等于斜边的平方，之后经过大量的测量、计算，验证了这个结论是正确的，但科学家们没有满足，他们要找到理论来支撑，为此很多数学家做出了卓越贡献，使学生感受到很多重要的命题的提出都是要经历“猜想—验证—证明”这一过程。本节课学生经历了数学家们的证明过程、证明的方法是多样的。从毕达哥拉斯到赵爽等的证明，让学生体会到了从特殊到一般的探索方法及借助于图形的面积来探索、验证数学结论的数形结合思想。

4. 知识迁移、学以致用

通过这节课的学习与探究，老师及时放手和学生共同分析讨论，学生自然会产生疑问，钝角三角形两条短边的平方和与长边的平方有怎样的关系呢？在老师的引导下，让学生经历猜想—验证—证明的过程，自主地去发现它们之间的内在联系。让学生带着问题下课，给学生更多的时间和空间去探索，更有助于学生能力的提高。

5. 教学工具的使用

在本节课的教学当中，教师借助可视化的学习工具——几何画板，提升了学生处理信息的能力。

6. 本节课有以下优点

（1）追根溯源，体会世界文化的进步与发展。

本节课学生通过查找有关勾股定理的知识和产生的过程，让学生了解勾股定理的产生和发展的过程，体会数学家对待数学的严谨态度。通过阅读勾股定理的相关历史文化，体会世界文明的进步与发展。

（2）经历过程、体会数学思想。

学生经历了猜想—验证—证明的整个过程，在这里体会到了由等腰直角三角形所具备的特征，推出任意的直角三角形都具备这个特征。体现了核心素养的理性思维的重要性。

在证明勾股定理时，我们用到了图形，这种数形结合的思想十分重要。

（3）本节课的教学设计简洁清晰，教学步骤环环相扣，教学重点明确。教师赋予学生独立自主权，充分发挥学生自主学习的能动性。

点评专家：长春吉大附中力旺实验中学　周　赫

要点五　批判质疑

要点解读

1. 什么是批判质疑

所谓批判质疑，就是对已有的认知或理论提出怀疑，予以否定。

批判质疑是学生核心素养科学精神版块的重要组成部分。我们的教育目标是培养创新型人才。而创“新”的实质就是对于“旧”的否定，也即对“旧”的批判。批判是从质疑开始的。比如哥白尼的“日心说”的诞生，就是一个经典的例子。在古代欧洲，亚里士多德和托勒密主张“地心说”，认为地球是静止不动的宇宙中心，其他的星体都围着地球旋转。这个学说的提出与基督教《圣经》中关于天堂、人间、地狱的说法刚好互相吻合，处于统治地位的教廷便竭力支持“地心学”说，把“地心说”和上帝创造世界融为一体。中世纪以前的欧洲，“地心说”一直占统治地位，但哥白尼经过大量的观察和计算，观测的结果与“地心说”理论并不相符。因此哥白尼对于“地心说”产生了怀疑，“地心说”不能解释客观现实，只能说明它是错误的理论。哥白尼义无反顾地摒弃了“地心说”，而提出了“日心说”。

2. 质疑是创新的起点

孔子：“疑是思之始，学之端。”著名科学家李四光有句名言：“不怀疑不能见真理。”古今两位贤人所讲的话都是在告诫我们质疑的重要性，不破不立。要想发展，要想突破，就必须要与时俱进，要有“欲穷千里目，更上一层楼”的不舍追求。而中国学生最缺少的就是质疑精神，老师总要求标准答案，学生的思维被完全禁锢。我国著名水稻育种专家袁隆平上初中数学课时，学习有理数的乘法法则，问老师：为什么“负负得正”啊？老师说：这是规定，没有为什么！这样的回答彻底挫伤了袁隆平学习数学的积极性，误认为数学是不讲道理的学科。

3. 怎样培养学生的批判质疑精神

（1）要鼓励孩子质疑，讲出自己的疑问。

告诉学生，敢于提问题是一种可贵的学习品质。宋代学者朱熹说：“学贵有疑，小疑则小进，大疑则大进；疑者，觉悟之基也。”爱因斯坦说：“提出问题比解决问题更重要。”

平时教学中要不断地追问，使学生体验到学习是在存疑解惑、再存疑再解惑……中不断深入的。学生有了这样的认知后，就会模仿老师，对新知识的学习不断追问，由不敢问变为勇于问，由不会问变为会问，由问不到“点子”上，到会问到要害处。

（2）要保护学生的好奇心、好胜心。

亚里士多德说：思维是从疑问和惊奇开始的。我们的一些老师总是怕学生提问题，特别是在学生提出一些“稀奇古怪”钻牛角尖的问题时，不胜其烦，常常武断地认为学生是在胡说八道。这样做的结果，常常会扼杀学生的自尊心、自信心，扼杀学生的想象力、创造力。

老师要有北京著名数学特级老师孙维刚的精神，他鼓励学生在课堂的争论中“反对孙老师”“打倒孙老师”，即要勇于挑战老师、挑战权威。孙老师讲：“在课堂的争辩中，老师的看法若被推翻了，那么老师学生失去的只是错误，而得到的呢？除了正确的认识之外，更主要的，是智力素质的发展，思维水平的提高，还有呢！还有勇气和信心。”他又讲：“学生的看法是错的，却要推翻老师的正确认识，这样有什么坏处吗？没有。正是从它被打而不倒的过程中，体会到它的深深的根。”

对于思维活跃甚至“怪异”的学生千万不要轻易否定，他们的思考不是全无道理的，其中有一些是合理的，甚至是有价值的。近世代数的开拓者伽罗华在中学时就被老师宣判为笨蛋，而伽罗华在19岁时就创建了群论的基础。论文送交法国巴黎科学院审查，由于著名的世界级大数学家们没有看懂伽罗华的论文，而将其束之高阁了。直至十几年后，数学家们才领悟了伽罗华的理论。可惜，这位数学天才早在他21岁时就逝世了。在历史上，像伽罗华这样被老师斥为笨蛋的天才科学家不止一个，比如牛顿、爱迪生、爱因斯坦。为什么总是发生这样的事情呢？就是我们的老师太迂腐，唯书唯上，不允许学生有不同的声音，不同的见解。老师要时时提醒自己，不轻易否定学生，免得无意间扼杀了未来的天才。

保护学生的质疑意识，涉及老师课堂教学的民主意识问题。老师不要以师长自居，要平等地对待学生。

（3）通过辩论培养学生的批判质疑素养。

开辩论会是个好办法。有明确的辩题，正反双方都要千方百计驳倒对方，这就需要寻找对方的纰漏，梳理反驳的论点、论据，通过这样“真刀真枪”的“实战演习”，可较好地培养学生的质疑素养，提高学生的批判能力。

（4）培养思维的深刻性。

能否具有批判能力，除要有质疑精神外还要有思维的深刻性。不能凭空质疑，要能抓住问题的要害。在科学史上的创新案例不胜枚举，基本都是在原有认知的基础上，经过深度思考，而得到更高层次、更宽视野下的新认知。比如非欧几何的创建，就是一个经历深度思维而开拓新领域的典型案例：

欧几里得的《几何原本》是一本堪称人类理性思维的鸿篇巨作，其严谨的演绎推理模式，构建科学知识体系的“公理化”思想，震撼了人类两千多年，至今仍放射着理性的光芒。正是在这种理性思维的启发下，数学家们在研究《几何原本》的过程中，感觉欧几里得的五个公设中的第五公设与前面的四个公设不同，叙述文字冗长，且不显而易见（第五公设的叙述是：同平面内一条直线和另外两条直线相交，若直线内侧的两个内角之和小于180°，则这两条直线经无限延长后在这一侧一定相交）。于是，有人怀疑：第五公设是否能从前四个公设中推导出来？但数学家们“前仆后继”奋斗了上千年，从前四个出发去证明第五公设，始终没有结果。直至19世纪20年代，俄国的青年数学家罗巴切夫斯基总结了前人们的教训，深层次分析原因，认为试图“用前四个公设证明第五公设”的思路是不对的。他大胆地用一个与欧几里得第五公设相矛盾的命题（同平面内一条直线和另外两条直线相交，若直线内侧的两个内角之和小于180°，则这两条直线经无限延长后在这一侧不相交）与前四个公设组合成一个新的公理体系，经过严谨的逻辑推导，演绎出了一个崭新的几何体系（罗氏几何，非欧几何的一种）！在罗氏几何中得出了许多在直觉上匪夷所思，但在逻辑上毫无矛盾的结论。罗巴切夫斯基的工作证明了欧氏几何的第五公设是不可证明的。

从这个故事里我们可以看到，这么多年这么多数学家都对第五公设质疑，但为什么做出突破的是罗巴切夫斯基呢？一个重要的原因是他的思维比他人更具深刻性。

名师课例

九年级化学《质量守恒定律》

执教者：长春吉大附中力旺实验中学　李玲杰

（一）问题激疑，情境导入

师：（PPT展示一些化学反应的现象）在前面的学习中，我们已经学习到了很多的化学反应，那么在化学变化的前和后什么一定发生了改变？

生：分子的种类。

师：那宏观上呢？

生：物质的种类。

师：物质还有一个性质就是质量，那么质量在化学反应前后是否会发生改变呢？大家有什么猜想？

生：不变、变小、不一定……

师：现在我们就用实验来探究一下。请同学们看一下，在你们每个小组的桌面上都有一支蜡烛，你需要在点燃前称量一下蜡烛的质量，大概燃烧30秒后，熄灭，再称量一下蜡烛的质量，记录数据。（学生进行蜡烛燃烧前后质量的测定实验）

师：（巡视观察并指导）我发现大家测得的实验数据都是燃烧一段时间后蜡烛质量变小了，那是不是所有的化学反应之后物质的质量都变小呢？这节课我们就来研究一下化学反应前后物质的质量是否发生改变。（板书：课题1　质量守恒定律）

（二）小组合作，实验探究

师：关于化学反应前后的物质的质量是否发生改变的问题，其实在200多年前拉瓦锡就曾做过研究，比如在研究氧化汞加热生成汞和氧气的这个实验中（PPT展示拉瓦锡研究空气成分所用的装置），他测定了45份质量的氧化汞受热分解会生成41.5份质量的汞和3.5份质量的氧气，反应前后的数据有什么关系啊？

生：相等。

师：但是咱们刚才进行的蜡烛燃烧实验，蜡烛的质量却是变小了，我觉得作为近代化学之父的拉瓦锡得出的结论一定比你们的更准确。

生：（有些人说）对，我也觉得他的更准确；（有些人说）我觉得自己的结论正确。

师：很好，大家要敢于挑战权威，如果你想要挑战拉瓦锡并验证自己的结论正确，你得用什么样的办法呢？

生：实验。

师：现在老师给大家三组可选的实验（PPT展示），每组先考虑一下你们想要选定哪一个实验进行验证，讨论好后就可以到前边来领取对应的实验仪器了。

（学生领取实验用品）

师：请学生们取出实验报告单，先设计好实验装置图，写清实验步骤，然后再进行实验。

（学生进行实验方案的设计并进行实验）

（三）分享展示，问题交流

师：现在我们来共同分享一下，分享的步骤是：展示你们的实验装置是什么样的？你们是怎么做的？现象是什么？实验结论是什么？从第一组开始吧。

生：我们组分别把碳酸钠粉末和稀盐酸装入两个烧杯中，先称量一下它们的总质量是73.8g，然后将两种药品混合后再称量就变成73.34g了，我们觉得可能是因为有气体生成，所以质量变小了。

师：第二组也做了这个实验，也分享一下吧。

生：我们组的装置和第一组学生是一样的。我们实验后也是质量减少了。我觉得下次可以改进装置，变成密闭的。

师：好的，等一下你们可以尝试着改进一下，请第三组学生到前面进行展示。（黑板上记录数据）

生：我们组做的实验是铁钉和硫酸铜溶液反应。先把铁钉用砂纸打磨，然后把铁钉和盛有硫酸铜溶液的小烧杯一起称量，将铁钉放入溶液中，过一会儿称量质量增加了。

生：我觉得我们组做的时候有一个失误，之前铁钉上的棉绳在称量时没有全部放到秤上称量。

师：哦，等一下你们可以尝试着改进一下，我们不怕错误，但一定要有想法。第五组也是做的这个实验吧，请第五组学生到前面分享一下。

生：（展示为锥形瓶配单孔塞）相较于前一组的实验，我们组的实验很简单，操作步骤和上一组是一样的，但我们的数据是：刚放进去时是

174.78g，过一会儿称量是174.76g，质量减少了0.02g。

师：你们用的电子天平，对吗？电子天平的精确度是0.01g，最后一位的误差是在允许范围内的，所以你们组测的质量相当于是不变的。

生：上一组学生的实验是在烧杯里做的，有可能有气体产生，我们的是密闭装置，不存在这个问题。

师：也就是你认为你们组的装置比上个组好，是吗？这两组学生的数据出现不一致的地方了，当然他们的装置本身设计的不一样，他们也说自己在实验中存在一些问题，等会儿在改进的时候，我相信大家可能更有兴趣知道自己之前的结论正确与否，对吧？还剩下两组，谁先来分享？（黑板上记录数据）

生：我们组做的是红磷燃烧实验。我们同时做了两个实验。第一步就是把少量红磷放在沙子的正中央，把气球套在玻璃管上，用电子天平称量整体的质量，测得的数据是143.25g，然后把玻璃管拿出来放在酒精灯上加热差不多一分多钟，等它变红后迅速插入装置，看到有大量白烟冒出，当冷却到室温后再称量，发现还是143.25g。

生：我们组也是这套装置，我们看到红磷燃烧后，有大量白烟产生，而且气球先鼓起来，然后又变瘪了，这期间我们组直接把这个装置放到秤上了，白烟没散去之前质量变轻了，白烟散去后，质量又一样了。

师：（黑板上记录数据）你们认为哪组学生描述的现象更全面？

生：第六组。

师：她们组除了关注到白烟产生，还关注到了气球的变化。但我发现第六组的数据很有意思，为什么白烟没散尽时，质量变轻了，而最后质量又一样了呢？

生：内外压强不一样了；她没说冷却到室温，所以不够精确……

师：刚才有学生提到了气球是先鼓后瘪，当红磷燃烧时，装置内温度很高，气球是鼓的状态，这个鼓的气球还会受到一个向上的什么力？

生：浮力。

师：这个向上的浮力可能多多少少会影响到实验数据的测定，当气球变瘪了，浮力的影响就消失了，最后质量就相等了。其实老师给你们准备了很多的实验仪器和用品，你们可以想想还有没有别的实验方案，或者你觉得你们刚才做的实验在装置上或操作上还可以怎样改进，下面再给各组进行第二次实验的机会。

（四）反思改进，再次探究

学生小组讨论，反思改进，进行第二次实验；老师在实验过程中，巡视观察并指导。

（五）分享展示，问题交流

师：各组做得都非常好，但是，好像也出现了一些状况，现在还是从第一组开始分享。

生：我们组用这套装置进行的实验（锥形瓶上盖有橡胶塞），在碳酸钠粉末和稀盐酸混合前，称量总质量，记录，然后将两种药品在锥形瓶中混合，盖上胶塞，还没等我们称量混合后的质量，这个胶塞就崩开了，这里也给大家提一个问题，它为什么会崩开？

生：有气体生成。

师：胶塞弹开后，你们称质量了吗？

生：称了，质量变小了。

师：对于这个问题你们自己是怎么想的？

生：我们觉得反应中有气体生成，压强变大了，橡胶塞就被弹开了。于是我们又设计了这个实验装置。因为产生气体，所以在侧面支管处系了一个气球，调节压强，还像刚才一样操作，发现气球变鼓了，质量不变。

师：这回胶塞被弹开了吗？

生：没有。

师：他们组的设计有创意。下面请第二组进行分享。

生：我们组这个实验是个反例，大家千万不要这么做，因为很危险。

我们先向锥形瓶内加入一些碳酸钠粉末，然后向烧杯内倒入一定量的盐酸，称量总质量，然后将所有的酸加入装置内，接下来问题就来了，酸液为什么会从长颈漏斗上部迸溅出来？

生：我认为一下子把稀盐酸都倒进去了，反应速度太快了。

生：我觉得是反应中生成了气体，气体有一部分从长颈漏斗口逸散了出来。

师：大家提出了一些见解，我觉得有机会你们还是要再尝试一下。请第三组学生分享。

生：我们组重新做了第一次的实验（敞开烧杯），而且又在密闭容器中进行了实验，发现反应前后质量是相等的。

师：为什么重做一遍，反应前后质量是相等的，而第一次实验后质量却是不相等的？

生：这次，我把棉线绳和铁钉全部放在秤上称量，反应前后质量就相等了。

师：他们组这次两个实验都做了，大家说哪个装置更严谨些呢？

生：我觉得这个反应没有气体生成，密不密封无所谓。

师：有没有人认为有所谓的？

生：没做实验之前，你怎么知道没有气体生成？

师：我倒是觉得，这个实验用到了液体，液体会……

生：（抢着答）蒸发。

师：但这组学生，敞开体系和密闭体系进行实验，质量都是相等的，怎么解释呢？

生：实验时间短。

师：所以密封装置会更好些。请第五组学生分享。

生：我们第一次实验后就已经没有药品了。

生：浪费药品。

生：但是我们组把上次实验用的硫酸铜溶液用滤纸进行过滤了。

师：啊，还过滤了！然后呢？

生：没过滤完。

师：所以一过滤就浪费时间了，而且你们过滤的装置还不全，下次你们要注意节约药品了。下面请第四组和第六组学生进行分享（第四组和第六组改进后的装置是一样的）。

生：我们在这个装置（吸滤瓶，学生原来没见过，所以不知道叫什么）的侧面系了一个气球，调节气压的，然后将胶塞换成了一个单孔塞，上面插了一根玻璃棒，我们在称量的时候出现了一些问题，因为这个塞比较重，当我们放到电子天平上称量时发现超过量程了，我们又拿了一个50g的砝码放在上面，又称了一次，发现总质量是202.21g，然后我们在酒精灯上加热玻璃棒，也是计时2分钟，伸入瓶中，后面的现象和第一次的一样。

师：他们组先后的两组实验最终观察的现象是一样的，实验结论也是一样的，我想问一下，你们觉得这两个装置（拿起两套装置）哪个更好？或者大家觉得它们有什么区别？

生：不知道有什么不同；玻璃棒的好……

师：你们认为玻璃管和玻璃棒的作用是什么？

生：都是引燃。

师：它们有没有区别？

生：受热面积不一样吧？（不太肯定）

师：好的，你认为谁的受热面积大？

生：玻璃棒受热面积大。

师：受热面积大，所以加热的面积就更大。那你们在引燃红磷的时候觉得有没有区别？哪个引燃红磷更快？

生：好像没什么区别。

师：看来你们没怎么注意这个问题，下次可以比较一下将玻璃棒和玻璃管加热相同时间的情况下，哪个引燃红磷更快。课前老师提出一个问题，化学变化的前后质量究竟怎么变？大家说怎么变呢？

生：相等。

师：是谁胜利了？

生：拉瓦锡。

师：但之前做的蜡烛的燃烧实验，燃烧一段时间之后为什么质量变小了？

生：产生了固体；生成了二氧化碳和水，二氧化碳逸散了……

师：那水不逸散吗？蜡烛燃烧生成的是二氧化碳和水蒸气，实际上它们都逸散了，如果将这些都收集到的话，有可能质量就是相等的，对吗？再来看一下，我们本节课得到了这样一个结论（指着板书：参加化学反应的各物质质量总和 = 反应后生成的各物质的质量总和），这个结论就是质量守恒定律。（PPT 展示拉瓦锡曾经做过的实验图片）这些都是拉瓦锡曾经做过的实验，这些实验中他都对反应前后物质的质量变化进行了研究，然后他才得出了质量守恒的思想。质量守恒思想拉瓦锡在 18 世纪的时候就提出了，而直到 20 世纪当科学家们做了一系列更精确的实验，反应前后物质的质量变化小于一千万分之一后，人们才终于承认了这是质量守恒定律，可见质量守恒定律是建立在严谨的科学实验基础之上的。而影响验证质量守恒定律实验成功的因素，大家刚才都有提到，比如：装置是否密闭，天平的精度问题，还有实验操作的问题等（PPT 展示）。那么从微观层面上看为什么会存在质量守恒定律？质量守恒定律有什么用呢？这两个问题我们会在下节课进一步探讨。

（六）深入剖析，批判质疑

师：爱因斯坦说，“提出问题比解决问题更重要。”结合本节课的实验过程还有爱因斯坦说的这句话，关于做科学或学习化学，谁有什么想法跟大家分享一下呢？

生：如果没有任何人提出问题，这个世界上就没有人想要去解决问题，你提出的问题被解决了之后，可能这个世界就会多一条新的定律或者是多一个新的定理，而如果你没有提出这个问题，那么在这个世界上就不会有人想要去解决这个问题，所以我觉得爱因斯坦说的是对的。

师：非常好！我觉得爱因斯坦说的提出问题就是我们要永远有一颗好奇的心，我们不能迷信权威，要敢于挑战。那么现在，你们是不是已经确信质量守恒定律一定是正确的啊？爱因斯坦提出了一个非常伟大的方程。

生：质能方程。（PPT 投影：$E=mc^2$）

师：E、m、c 都代表什么？

生：E 是能量，m 是质量，c 是光速。

师：化学反应总是伴随着能量的变化，而光速是一定的，而且光速的数值很大，质量等于能量除以光速的平方，所以反应中多多少少都会损耗一部分的质量，所以我们所说的质量守恒定律应该是相对意义上的，只不过这个损失的质量是我们现在用目前的称量仪器无法测定的，或者说是在实验误差允许范围内的，所以就承认了质量守恒定律，但是如果从这个角度（指着 $E=mc^2$）来考虑的话，质量完全守恒又不太正确，只能说接近于完全守恒。你认为爱因斯坦提出的这个质能方程一定正确吗？

生：不一定。

师：若干年之后，没准儿在座的你们就能推翻爱因斯坦的这个结论，所以大家要始终保有一颗好奇之心、质疑之心、批判之心。好的，这节课我们就上到这里。

课例点评

《质量守恒定律》是人教版九年级化学教材上册第五单元“化学方程式”中的课题之一。质量守恒定律是物质发生化学变化时所遵循的一项基本规律，是化学家以实验为基础对反应前后各物质的质量进行定量研究的过程中总结出来的，为从定量角度研究化学变化提供了基本依据，是化学发展史上的里程碑。

教材中本节课的内容主要是通过提出问题，引导学生进行假设，再设计并实施一些实验方案，从而使学生亲历科学探究的过程，通过观察和记录实验现象，经过严谨的分析，进而得出质量守恒定律的概念。

本节课的教学设计以实验探究“参加化学反应的各物质的质量总和与反应后生成的各物质的质量总和”的关系为明线，以“亲历科学探究的过程，培养批判质疑的科学精神”为暗线，通过学生自己选择实验原理、设计实验方案、选择实验装置、进行实验探究，观察实验现象，小组讨论分享，改进实验再分享的过程，使得每位学生都能边操作、边观察、边思考，能够对本组及其他组学生的实验现象、装置的设计、实验操作和实验结论等方面，本着批判质疑的精神，进行深入剖析，最终得出“参加化学反应的各物质的质量总和等于反应后生成的各物质的质量总和”这一规律。每个环节都渗透着对核心素养之批判质疑科学精神的培养，主要有以下几方面的体现：

1. 问题激疑，情境导入

首先，开门见山地提出在化学反应中，物质的种类发生了改变，那么反应物的质量总和同生成物的质量总和之间存在什么关系的问题，引发学生思考，然后通过学生分组实验探究，发现蜡烛燃烧一段时间后质量变小了，但这一结论却与化学史上拉瓦锡得到的氧化汞分解前后质量不变的实验事实形成了矛盾，本节课以这对相互矛盾的实验事实作为情境导入，极大地激发了学生想要挑战权威，揭示矛盾的欲望。

2. 小组合作，实验探究

老师给出比较有代表性的三个实验作为实验探究的范围，各个小组自由选择其中一个实验进行实验方案的设计并进行实验探究。给每个小组准备的实验用品非常充分，足够设计出几种不同的实验方案，在实验过程中，影响实验成功与否的因素有很多，如实验装置是否密闭、称量仪器的选择以及实验操作的问题等，所以这一设计具有很大的开放性，给了学生很大的选择余地和想象空间，使学生的实验探究过程更加贴近真实的科学家们研究问题的过程。

3. 分享展示，问题交流

每个小组派代表对本组的实验装置、实验步骤、实验现象和实验结论进行分享，做相同实验的小组采用先后进行分享的方式，便于对比激疑。在这个过程中，每个小组的学生都共享了在实验中发现的问题，并对问题进行了分析，提出了自己的困惑或解决的方法，在问题的探讨中不断激疑释疑，发展理性思维。

4. 反思改进，再次探究

各小组对第一次的实验进行改进或设计一套新的实验装置并进行实验，得到了更多的锻炼机会。学生们不畏困难，大胆尝试，积极寻求问题的解决办法。

5. 分享展示，问题交流

有的小组分享了在第一次实验基础上，对实验装置或实验操作所做的改进，并最终得到了化学反应前后各物质的质量总和不变的结论；有的小组又设计了全新的实验，对在实验中出现的新的问题进行了分享，全体学生一起多角度、辩证地分析问题，解决问题。

6. 深入剖析，批判质疑

就当学生们费了九牛二虎之力终于通过实验证明并相信了质量守恒定

律的时候，老师抛出了爱因斯坦提出的质能方程，通过对公式进行深入剖析，引导学生思考并质疑“质量真的完全守恒吗”，进而鼓励学生要永远拥有一颗好奇之心、批判之心、质疑之心。

总之，从整体上看，本节课的教学设计非常巧妙，不断引导学生在探究的基础上，通过比较、判断，不断地揭示矛盾和解决矛盾，激起更强烈的求知欲，处处体现着对学生质疑精神这一核心素养的培养。

点评专家：长春吉大附中力旺实验中学　周　赫

要点六　勇于探究

要点解读

1. 什么是勇于探究的科学精神

学生发展核心素养中的科学精神，其内涵主要是指学生在学习、理解、运用科学知识和技能等方面所形成的价值标准、思维方式和行为表现。具体包括理性思维、批判质疑、勇于探究等基本要点。

勇于探究具体指具有好奇心和想象力，能不畏困难，有坚持不懈的探索精神，能大胆尝试，积极寻求有效的问题解决方法等。

2. 为什么要培养学生勇于探究的科学精神

科学技术的发展不仅能够提高社会生产力，还能促进人类思维能力的提高，引发人们思想观念的更新，促进人的思维方法向更科学、更理性的方向演进，促进社会精神文明程度的提高。但是我们也应当清醒地看到，科学技术的进步并不能自发提高精神文明的程度。所以，必须重视培养中小学生的科学精神。

培养中小学生的科学精神，有助于他们养成科学正确的认识方法和思维方法，提高其思维的批判性和严谨性。

3. 如何培养中学生勇于探究的科学精神

（1）在科学阅读中培养勇于探究的科学精神。

科学教育离不开科学阅读。在阅读中，学生可以阅读到科学家的成长故事、科学研究的过程以及为之付出的努力。如居里夫人的小女儿艾芙·居里，在母亲去世 3 年后写成《居里夫人传》，该传记详细叙述了居里夫人的一生，也介绍了其丈夫皮埃尔·居里的事迹，并着重描写了居里夫妇的工作精神和处事态度。

（2）通过做中学生的方式来培养中学生的科学精神。

这种模式的基本程序是：提出问题—动手做实验—观察记录—解释讨论—得出结论—表达陈述。在这一过程中，学生通过亲自参加活动而学习，他们亲自动手做实验，并为理解实验所带来的东西而进行讨论。老师可以根据学生的提问或者进行实验的某些情况而提出建议。大部分做中学活动和课程都是整合到具体学科中的，这些做中学的活动为学生提供了多样化的学习方式，使学生在真实世界中通过亲手操作的活动来学习知识。

这种方式能够充分发挥学生的学习主动性和创造性，使学生自主地获取知识，并在获得知识的同时，发展解决问题的能力和学习的能力；可以有效地转变“老师讲、学生听”的传统教学模式，使老师从“知识传授者”转变为“知识探索指导者”。

问题意识会激发学生强烈的求知欲，以及学生敢于探索，勇于创造和追求真理的科学精神。没有强烈的问题意识，就不可能调动学生的“冲动性”，激发学生活跃的思想，更不可能开发学生的求异思维和创造思维。探究性学习的目的，就是要培养学生的一种能力，一种在常态中发现问题的能力，也就是培养学生在日常生活中发现问题的能力。在发现问题，探究问题，解决问题的过程中去学习。

（3）通过物理、STEAM 课程的教学，来培养中学生的科学精神。

名师课例

八年级物理《利用热胀冷缩原理——自制温度计》

执教者：长春吉大附中力旺实验中学　常　凤

（一）导入

师：测量温度对于我们现代人也许是一件非常简单的事情，但在温度计还未从西方传入中国的古代又是怎样实现精确测温的呢？今天就请学生们回到中国古代，发挥东方人的智慧，设计一款能实现定量测温的温度计。请学生们拿出老师准备的任务单，发挥团队的智慧在任务单中设计一款你们心目中的可测温的仪器。

（二）基本方案设计环节

全班学生分成6组，平均6人一组，分别根据气体、液体、固体热胀冷缩的性质设计可实现定量测温的温度计。

（三）小组分享设计方案并阐述设计依据和原理

第一组学生分享：

生1：大家好，下面由我和我们组的学生一起分享我们组的设计方案。我们组根据气体的热胀冷缩原理自制一个温度计。我们用圆底烧瓶作为盛装气体的容器，里面盛装的气体为空气，但是空气为无色透明的，受热膨胀遇冷收缩的现象并不容易观察到，因此我们计划在圆底烧瓶的上方放一只比较细的玻璃管，并在玻璃管内密封一小段红墨水借以显示气体的热胀冷缩现象。当气体膨胀后，可以将液柱上升的距离作为温度变化的参考数据。我组进行了进一步的创新改进，将上方的细玻璃管换成了横的弯折的玻璃管，这样的好处是不用担心温度更低时液面回落至瓶中。

生2：你们的温度计细管部分既然是弯折的，那么你们如何标记温度，零刻线选取在何位置？

生 1：我们计划将此位置定在弯管的下方，直管的部分。

生 2：你们如何保证红墨水的起点固定或者保证其不流入圆底烧瓶中？另外如果在横玻璃管的末端密封，是否会存在即使温度升高红墨水也不会移动的问题？

生 1：这也是我们在设计环节当中遇到的一个困难，也希望其他组的成员能给我们提供一些建议。

生 2：我有一个建议，为什么不将液体放在直角导管与地面平行的那一侧，这样就可以解决刚才提到的液体回落的问题。

第二组学生分享：

生 3：我们组设计的是根据固体热胀冷缩原理制成的温度计。我们将铜和铝制造成一个双金属片，在双金属片的顶部固定一个指针。绑指针的目的是让杆加长，让微小的膨胀实验现象更加明显，起到一个放大的作用。指针的后侧会固定一个半圆形的纸板，将测温计放在沸水中，选取一个刻度点，再将测温计放在沸腾的油当中，选取另外一个刻度点，因为水和油在沸腾的时候温度是不变的。将这两个固定点的差值选取后再平均分成若干份。因为古代没有具体的温度单位，我们自己定义一个温度命名为T。我们主要的原理就是利用这两种液体热胀冷缩现象的程度不同，铝和铜在改变相同温度时，铝的膨胀比铜少，所以受热膨胀以后，双金属片会向铝金属一侧弯曲，就和开车的时候左边车轮是停的，右边车轮滚动，就会向停的一侧转弯一样。

生 4：你们的温度计变弯折后还能重复使用吗？变弯以后，还会变回直的吗？

生 3：它会随着时间的变化受室温的影响再变回原来的程度，这也是我们需要在测量时迅速放置并且与待测物体接触的原因。

生 4：它不会变成一个弯的固体吗？

生 3：这个就是一个直的双金属，其实已经加热过很多次了。

生 5：你们是如何将指针与双金属连接的呢？

生3：我们采用的是胶带，并将胶带连接到接触位置的另一侧，经过试验后胶带不会熔化。

生6：把这个装置放置在沸水中会有很明显的变化吗？

生3：会有很明显的变化。

第三组分享：

生7：我们组是根据液体热胀冷缩原理自制的温度计。我们改良了一下，用比较小的玻璃泡的目的是测量时和携带时比较方便；我们选取的测温液体是酒精，酒精里加入红墨水的目的是便于观察、测量示数的变化。因为人是恒温动物，我们可以选取一个学生的体温充当标准，再选取沸水为另一个标准，然后进行标定。

（四）各小组开始具体实践自己的方案

分组交流后，各小组结合自己的装置，改进、完善，并进行测温实验。

（五）实际操作后总结经验分享交流

师：老师通过学生们今天的表现看到了大家身上像科学家一样勇于探索、不畏困难、坚持不懈的品格和精神，这也是我们培养创新型人才的目标，感谢学生们的精彩呈现，也期待学生们在接下来的物理学习中永远保持一颗好奇心，勇敢地去探索未知的世界！

课例点评

《自制温度计》改编自八年级物理上册第三章第一节课《温度》中的内容。在2011版《课程标准》中提到，科学探究既是学生的学习目标，又是重要的教学方式。将科学探究列入“课程内容”，旨在让学生经历与科学工作者进行的相似的探究过程，主动获取物理知识，领悟科学探究方法，发展科学探究能力，体验科学探究的乐趣，养成实事求是的科学态度和勇于探究的科学精神。通过自制温度计，能够让学生在动手实践中感受勇于探究的科学精神。

1. 超越传统，勇于创新

我们都知道，讲解温度计常见的有两种方式：一种是纯灌输式的课堂，从物态变化分析到温度计的制造原理，最后到相关应用，这种课堂虽然高效，但学生并未理解为什么要做温度计，怎么做温度计，导致后期并未对物态变化有深度理解，难以形成能力；另一种是活动式课堂，通过各种各样的活动，不断让学生制作标准温度计，学生在不断制作的过程中逐渐加深对物态变化的理解。但这种课堂如果没有有效的、有针对性的设计，很难让学生在有限时间内对内容有深度的探究，而是忙于制作，少有思考。

本节课让我们看到了一种超越，一种不拘于以上两种课堂的创新：教学目标的创新；评估方式的创新。

2. 围绕核心素养，深度设计学习环节

（1）明确学习方向和原因。

整堂课，每个学生都对自己的学习方向和原因无比清楚。通过对比中西方的温度计的历史，激发学生想要自制温度计的学习欲望，通过小组合作，明确学习方向，全组成员都为制作一个真正可以使用的温度计而不断尝试，不断探索。

（2）保持学习动力。

如何保持学习动力一直是课堂教学的难题，但本课通过真实的实验器材，创新的自主学习环节，为每一个学生营造了一个个性化探究环境。在这个学习环境中，学生可以不断地验证自己的构想。能够让一个学生保持学习动力最好的方式就是让学生能够探究知识的本源，像洋葱一样，层层剥开，最后自己去发现真正的奥秘，这个才是兴趣的根本。

（3）不断前进探索和体验。

每一个小组在尝试制作温度计的过程中，都会遇到一些困难，比如

第一组的温度升高红墨水也不会移动的问题。这类问题不会让今天的学生们知难而退，而会再次激发他们的探索热情，继续不断尝试。同时设置的小组分享环节也在时刻助力学生们的探索进程。通过大家的分享，组内的学生会汲取更多人的思路和智慧，组外的人能够发现更多的渠道和方式方法。每一组的经验、成果不再是单一的，而是全班学生联动的、共享的。

（4）小组合作反思和迁移。

继续重申这种分享的重要性，从另一个角度讲，老师在每一组分享的过程中，都会提示，大家可以帮助这组提一些改进意见或者是这组还有哪些问题需要大家帮助解决的。这实际上是一种反思，一种促进组内成员在接受外组学生建议时的反思，一种外组学生在接受展示学生分享时，自己对比组内探索的反思。这种反思的下一步就是迁移，哪些优点我可以借鉴，哪些错误我可以避免，核心素养正是在这种不断反思和知识迁移中形成的。

3. 以学生为根本，培养勇于探究的科学精神

本节课，从始至终都在围绕着核心素养，去培养学生勇于探究的科学精神。从课堂之初的简短引入，到课中环节的学生探究和分享，再到最后的老师总结和梳理。我们很少看到老师侃侃而谈的讲解，更多的是老师忙碌的身影，围绕每个学生忙碌，围绕每组学生忙碌，这种忙碌又不是简单的帮助，而是各种各样的引导，帮助每一个学生构建探究的思维方法，渗透勇于探究的科学精神。

4. 构建新课堂，共享新思路

（1）严谨的教学设计，全新的学习思路。大多时候，我们都在凭感觉去上课，感觉学生哪里不会，就讲解哪里。而今天，我们需要深入到学生中去，不断寻找学生的思维难点，依次为依据开展评估，反向推到、作证

教学设计。这节课我们看到了这种全新的思路，事实也证明这种方式是可行的，成功的。

（2）理解的深度和广度决定了学生们自由发挥的广度。

（3）多媒体课堂支撑下的授课环境。

点评专家：长春吉大附中力旺实验中学　周　赫

第二部分　核心素养之：自主发展

自主性是人作为主体的根本属性。自主发展，重在强调能有效管理自己的学习和生活，认识和发现自我价值，发掘自身潜力，有效应对复杂多变的环境，成就出彩人生，发展成为有明确人生方向、有生活品质的人。

专题三◆学会学习

“自主发展”是核心素养包含的三大版块之一，而“学会学习”又是自主发展的基本前提。“学会学习”一直以来都是老师与家长对学生的共同期望，换句话说，就是让学生学会钓鱼，而非只享受现成的鱼。学会学习的核心素养综合表现在学生学习意识形成、学习方式方法选择、学习进程评估调控等方面，具体包括乐学善学、勤于反思、信息意识等基本要点。

乐学善学：能正确认识和理解学习的价值，具有积极的学习态度和浓厚的学习兴趣；能养成良好的学习习惯，掌握适合自身的学习方法；能自主学习，具有终身学习的意识和能力等。

勤于反思：具有对自己的学习状态进行审视的意识和习惯，善于总结经验；能够根据不同情境和自身实际，选择或调整学习策略和方法等。

信息意识：能自觉、有效地获取、评估、鉴别、使用信息；具有数字化生存能力，主动适应“互联网+”等社会信息化发展趋势；具有网络伦理道德与信息安全意识等。

要点七　乐学善学

要点解读

“乐学善学”是核心素养中“学会学习”的重要组成部分，包括能正确认识和理解学习的价值，具有积极的学习态度和浓厚的学习兴趣；能养成良好的学习习惯，掌握适合自身的学习方法；能自主学习，具有终身学习的意识和能力等。培养学生乐学善学，让核心素养在课堂落地生根是新课程变革的重要方向。那么，如何培养中学生乐学善学呢？

1. 提供适合的教育，是培养学生乐学善学的基石

《国家中长期教育改革和发展纲要》提出：“关心每个学生，促进每个学生主动地、生动活泼地发展，尊重教育规律和学生身心发展规律，为每个学生提供适合的教育。”老师必须尊重、唤醒、激发学生的主体意识，采取适合学生个性发展的教育，让学生发挥自身的内驱力和能动性，积极主动自由地学习。

人的资质千差万别，不同的家庭环境、社会环境以及学校教育，使人形成不同的性格特征、心理状态、行为习惯、情感表达、审美观和生活观念等。人的智力是多元的，发展是多方面的，可以在各个活动领域表现。充分认识学生发展的多元性、潜在性、独特性与差异性，在课堂上实施适性、适需、适切的分层化教学和个性化教学，因材、因学、因需施教，有利于真实有效地培养学生乐学善学。

学校可根据实际教学资源，按照学生的个性差异、兴趣特长等进行分

层走班、兴趣走班，融合开展教学、研学、游学，对学困生开设成长班，从而实现个性化管理与教育。老师应该充分了解每一名学生，在课堂教学中开展小组合作时，要根据每个学生的特点进行分组，使每个学生都能在合作中找到并发挥自己的价值，从而获得自信。尊重学生主体，对准学生个性，施行精准的适合教育，激发学生的学习兴趣，调动学生的学习热情，为培养学生乐学善学奠定真实而坚实的基础。

2. 贯穿系统思考，是培养学生乐学善学的关键

学习内涵本身含有思考，思考是学习的重要途径。学习与思考紧密相连，密不可分。培养学生乐学善学必须将学生的学习与思考融合起来，互相联动，缺一不可。

孔子在《论语·为政》中就提出了“学而不思则罔，思而不学则殆”。只有把学习和思考结合起来，才能学到有用的真知。乐学善学需要有新的思维层次对应对接。系统思考被誉为现代思维的革命，是“见树又见林”的艺术。课堂上以系统思考培养学生乐学善学，能够避免传统思维导致的“只见树木，不见森林”“只看现象，不见本质”的教学病症。

系统思考提倡整体思考，不是仅仅停留在关注个别事件的表面层次上，而是让人们看清楚藏在事件或趋势背后的“结构”。培养学生的乐学善学就能让学生获得知识、技能的“真知”，既知道事物、事件的表面现象，也知道事物、事件的本质及其产生的原因。系统思考提倡动态思考，让人看到变化而非静止，提前预见到系统可能的变化或结果，从而使人们“看见未来”，实现“预见性学习”。系统思考的动态性、预见性能够扎实地培养学生乐学善学，实现乐学善学的本真，适应未来社会发展、终身发展需要。这正是核心素养内涵要义之所在。

3. 着力整合实践，是培养学生乐学善学的必需

“实践、认识、再实践、再认识，这种形式，循环往复以至无穷。”毛泽东在著名的《实践论》中提出的这一实践理论，可以很好地指导培养学生乐学善学——循环往复地实践、认识、再实践、再认识。

动手动脑的科学实践是STEAM教育的一大特色，也是整合多学科教学方式的切入点。这些实践，综合了科学、技术、工程、艺术、数学五个方面，有利于熏陶培养学生乐学善学等素养。在STEAM课程中，联系生活中的实际问题开展活动，重视学生主动积极的参与精神、合作精神，特别注重探索和研究的过程，学生在自主学习过程中不知不觉便掌握了学习方法，同时提高对自然、社会现象与问题的认识，追求积极、健康、和谐的生活方式，增强在与自然、社会和他人互动中的应对能力。这样开放、多元、大量的实践课程，能厚实地培养学生乐学善学，实现核心素养在课堂中落地生根、开花结果。

在课堂中，老师应以学生为主体，运用多种方法引导学生乐学善学，从而真正提升学生的核心素养。

名师课例

STEAM课程《挑战鲤鱼入侵》

执教者：长春吉大附中力旺实验中学　杨晶晶

（一）情境导入

师：提到鲤鱼，同学们会想到什么呢？

生：可以食用，比如红烧鲤鱼、清蒸鲤鱼、糖醋鲤鱼。

师：还有吗？

生：鲤鱼跃龙门。

师：鲤鱼在中国人眼中可以是美味的盘中餐，可以是吉祥寓意的化身，但是在美国人眼中它们一点都不可爱。它们是体型巨大的怪物，它们繁殖数量惊人，它们甚至能够跃出水面，袭击船上的游客。为什么鲤鱼到了美国就成为“恐怖分子”了呢？这个故事还得从40多年前说起。20世纪70年代，美国为了控制鱼塘里藻类和水草的生长，从亚洲进口了亚洲鲤鱼，所谓的亚洲鲤鱼其实是青鱼、草鱼、鲢鱼、鳙鱼、鲤鱼等8种淡水鱼的统称。很快，治理结果就显现出来了，鱼塘中不仅水草和藻类没有了，就连美国本土鱼也所剩无几了。引入的亚洲鲤鱼在美国没有天敌，简直就是到了天堂，它们繁殖力极强，一下子就到了不可控制的地步，成了臭名昭著的入侵生物。身在异乡的亚洲鲤鱼恰好赶上20世纪90年代美国的一场洪水，亚洲鲤鱼成功越狱，进入密西西比河，并且一路向北，很快分散到了各大支流中。如今，正在向最重要的淡水湖群五大湖逼近。在行进途中，亚洲鲤鱼所向披靡，把途中所有食物吃了个精光，还仗着自己体型庞大，欺负本土鱼类。据统计，如今很多水域中90%的鱼都是亚洲鲤鱼，这给美国的自然生态环境和渔业市场带来了毁灭性的打击。从2010年至今，美国为了对付亚洲鲤鱼已经花费了3.88亿美元。今年，美国密歇根州发出邀请，邀请全世界具有“创新头脑”的人来解决亚洲鲤鱼入侵的问题。你是有创新头脑的人吗？

（二）头脑风暴

师：下面我们就来进行一场头脑风暴，请学生们以小组为单位，讨论并设计方案阻止亚洲鲤鱼入侵五大湖，并阐述该方案的优点。

（学生进行小组讨论）

生：可以投放毒药，杀死亚洲鲤鱼。

生：我认为这种方法不行，毒药也会杀死其他鱼类，还会污染环境。我们组认为美国政府应该鼓励美国民众食用亚洲鲤鱼，或者把中国人迁到美国去。

生：可以引入一种鲤鱼的天敌，让它捕食鲤鱼。

生：我们组认为应该架网拦截，架设防护网，在水坝上安装闸门。

师：大家说的多数方案美国政府也曾经尝试过，比如鼓励食用亚洲鲤鱼，但美国人吃不惯淡水鱼身上的土腥味，也曾经试过安装电网、架网拦截、有奖捕鱼等措施，但都收效甚微。无奈之下，美国只得使用学生们刚才提出的生物方法，即引入捕食者。这个捕食者名字叫做鳄雀鳝，被称为世界十大凶猛淡水鱼之一，平均体长两米，身呈长筒形，上下颚密布利齿，形似鳄口。但是，雄性鳄雀鳝要到 6 岁才成年，雌性鳄雀鳝要到 11 岁才成年，美国近几年投入的都是鳄雀鳝鱼苗，因此鳄雀鳝作为捕食者是否能遏制亚洲鲤鱼的入侵还不为人知。

（游戏建模）

师：下面我们运用一个小游戏来模拟鳄雀鳝的捕食过程。这个游戏怎么玩呢？我们用一张蓝色的 A4 纸来代表密西西比河河流中一片二十平方米的水域，用黄色的大鱼形纸片代表鳄雀鳝，用粉色的小鱼形纸片代表亚洲鲤鱼，每组还将得到一张数据统计表。已知，亚洲鲤鱼大量繁殖，二十平方米的区域中随机分布着二十条亚洲鲤鱼。现往该区域中投放两条鳄雀鳝，鳄雀鳝进行首轮捕食，如果一条鳄雀鳝能够触碰到三条或者三条以上的亚洲鲤鱼，那么它就能存活下来。亚洲鲤鱼被吃掉，从该生态系统中消失，如果鳄雀鳝没有触碰到三条亚洲鲤鱼，那么它摄入的能量不足以维持生命，它就会被饿死，此时，该鳄雀鳝和它所捕食的亚洲鲤鱼都会从该生态系统中消失。这样我们就能记录第一轮游戏数据。捕食的起始数量：鲤鱼 20 条，鳄雀鳝 2 条。同学们来说说幸存者数量是多少呢？

生：鲤鱼幸存 14 条，鳄雀鳝幸存 2 条。

师：好的。游戏继续。第二轮捕食，考虑到鳄雀鳝和鲤鱼进行繁殖，我们规定幸存的鳄雀鳝和鲤鱼的数目翻一倍，作为下一轮的起始数量。那么第二轮鳄雀鳝起始数目多少呢？鲤鱼是多少呢？

生：鳄雀鳝起始数量是 4，鲤鱼是 28。

师：当捕食进行到某一轮时，可能会出现这种情况：鳄雀鳝或鲤鱼数目为 0，游戏无法继续进行。这时该怎么办呢？学生们想一想真实的河流生态系统的情况是怎样的？

生：水是流动的，鱼可以运动。

师：好的，我们假设此时会有鳄雀鳝和鲤鱼游入这片水域。补充游戏规则：当鳄雀鳝或鲤鱼数目为0时，会有鳄雀鳝或鲤鱼迁入该水域，规定鳄雀鳝迁入1条，鲤鱼迁入10条。请同学们至少完成15轮捕食，尽可能多地记录数据。

（学生进行游戏，老师巡视指导）

（四）拓展——数形转换

师：同学们进行多轮捕食后，已经得到数据，老师随机选择了一组同学的数据展示在大屏幕上，我们一起来分析一下。这个表中有两列数据，一列是鳄雀鳝和鲤鱼的起始数量，一列是幸存数量，同学们认为，哪一列数据更能体现出鳄雀鳝引入是否能遏制亚洲鲤鱼？

生：我认为是起始数量。因为起始数量波动比较大。

生：我认为是幸存数量，这是引入鳄雀鳝之后的数据，看这列数据才能说明我们要研究的问题。

师：其实这两列数据都是有意义的，但是分析幸存数量更容易体现出鳄雀鳝对于亚洲鲤鱼的遏制作用。那么大家从幸存者数据中找出什么规律了吗？

生：这个数据是循环的。

师：没错。大家在做游戏的过程中，就已经发现了幸存者的数据总是在一个范围内循环。我们怎么才能让数据反映出来的规律更加直观呢？

生：画统计图。

师：现在老师为每个小组提供一张方格纸和两支不同颜色的彩笔，请将你们游戏获得的数据用图形表示出来，并进行分析。

（学生绘制统计图，老师巡视指导，学生将完成的统计图粘贴在黑板上）

（五）交流与分享

师：各组完成的统计图已经粘贴在黑板上了，老师利用同屏软件依次展示。请各组派一位代表给大家讲一讲，通过你们绘制的图表能够发现什么规律。

生：从图表能看出，起初，亚洲鲤鱼的数量很多，然后慢慢减少。鳄雀鳝的数量少，然后渐渐增多。到第四轮时，鲤鱼被吃光，鳄雀鳝也饿死了，它们的数量都变为0。游戏继续做，会发现到第八轮时，又出现了一样的结果，因此我们认为游戏进行4~5轮左右，鳄雀鳝和鲤鱼的数量就会出现一个循环。

师：这位同学带着我们分析了一下具体的数据，并且发现了规律，但是从图表上看，规律不是非常直观。我们再来找一组。

生：我们组的图表中，粉色线条代表鲤鱼的幸存数量，蓝色代表鳄雀鳝数量。能看出鲤鱼并没有无限增长，而是在捕食过程中保持了平衡。

生：我们组红色代表亚洲鲤鱼，绿色代表鳄雀鳝。能看出来鳄雀鳝能遏制亚洲鲤鱼。

师：这一组绘制的图表清晰，反映出的规律很直观。

生：我们组绘制的是条形统计图，也能看出鳄雀鳝遏制了亚洲鲤鱼，但是亚洲鲤鱼和鳄雀鳝不会全部消失。

生：从我们组的图表中能够看出鲤鱼的数量已经被鳄雀鳝控制住了。

师：老师在巡视过程中发现，有的同学在绘制图表时，同时将起始数量和幸存者数量都进行了描点，然后用一条折线将它们连接起来，就导致了折线图不具有意义，不能反映规律了。可见，在绘制图表之前，数据的选择是非常重要的。

（六）总结提升

师：同学们已经发现，随着鳄雀鳝的引入，亚洲鲤鱼的数目显著下降，并且在一定的范围内趋于稳定的状态。在一个生态系统中，如果生物的种类、各种生物的数量和所占的比例总是维持在相对稳定的状态，那么这种状态叫做生态平衡。在亚洲鲤鱼事件中，就是因为美国政府盲目引入外来生物，打破了生态平衡，带来了巨大的生态灾难。

师：刚刚我们通过一个简单的小游戏建立了一个捕食者模型，在做游戏的过程中，有很多同学提到，我们考虑的因素并不全面，甚至有不合理的地方。现在，老师想请同学们说一说，对于真实的河流生态系统，有哪些因素我们没有考虑全面？

生：在每一轮捕食过程中都可能有鲤鱼和鳄雀鳝游入。

生：鳄雀鳝可能还会食用其他鱼类。

生：鳄雀鳝之间可能会互相攻击和捕食。

师：我们就先说到这里，这节课我们建立的只是一个最简单最低等的捕食者模型，在科学家研究问题时，往往需要综合各方面的条件和因素，我们考虑的因素越全面，我们得到的数据也会更加接近真实值。

师：课程的最后，请同学们静下心来思考一个问题，我们为什么要引入鳄雀鳝？

生：为了控制亚洲鲤鱼。

师：美国人当年为什么要引入亚洲鲤鱼？

生：为了控制池塘中的藻类和水草。

师：为什么藻类和水草会大量繁殖呢？这是因为人类大量排放生活污水，造成水体富营养化。所以，整个事件的罪魁祸首是谁呢？

生：是人。

师：没错，是站在食物链最顶端的人。如果人类不遵循自然规律，破坏生态平衡，就会造成不可估量的损失。同学们日后在利用科学技术改造自然，造福人类的时候，千万不要忘记，一定要尊重科学，尊重自然规律。

课例点评

《挑战鲤鱼入侵》是我校 STEAM 中心自主开发设计的一节基于学科融合的 STEAM 课程。这节课从三个方面设立了课程目标。学科核心概念方面，学生通过鲤鱼入侵的实例理解生态平衡的内涵和维持生态平衡的重要性；跨学科概念方面，学生尝试跨越学科界限思考问题，学会收集数据、整理数据、分析数据，形成数形转换的科学思维；科学与工程实践方面，学生学会运用构建模型的方法解决问题。

本节课利用亚洲鲤鱼入侵美国事件激发学生的学习兴趣，学生在头脑风暴环节中设计解决该问题的方案，并通过小游戏建立捕食者模型，理解维持生态平衡的重要意义。其教学价值在于帮助学生形成了积极的学习态度，为学生深度思考、自主学习、探索适合自身的学习方法创造了良好的条件和氛围。重点体现了核心素养之乐学善学的培养，呈现以下几方面的特点：

1. 利用真实情境，提供适合学生的学习视角

培养学生核心素养过程中，很重要的一环是为学生提供适合学生思考的情境。

本节课的基础是老师给学生提出了一个真实存在的社会问题——如何解决亚洲鲤鱼入侵美国，让学生带着这个“大问题”思考老师接下来提出的一系列“小问题”。这样的连贯真实情境，很容易将学生的思维引导到解决问题这个培养学生核心素养的过程和目标上来。而在鼓励学生提出不同解决方法的过程中，既引领了学生的思考也造成了学生的认知冲突，继而激发了学生的求知欲。通过授课老师的有效引领，让学生自觉地提出生物治理，引入天敌的治理方法。最后，老师提出本节课的核心问题“生物治理”是否能有效遏制亚洲鲤鱼泛滥的问题。这一连贯的情境创设，使学生快速地进入“问题解决者”这一学习视角。这是培养学生乐学善学的途径之一，也是核心素养教育的要求和目标之一。

2. 利用建模思想，培养学生的系统思考能力

在本节课核心问题的解决过程中，老师采用了建模思想，运用了数形结合、归纳推理等手段来让学生预测问题的结果，培养了学生系统思考的能力，这是本节课最大的亮点。

在初中阶段，学生很难接触到建模的思想，但建模思想是现代社会最重要的思想之一，也是学生将来解决实际问题必备的思想。尽管本节课建立的模型理想条件过多，并不是一个严谨的模型，但是这种思维模式的体验，对于初中段的学生是十分宝贵的。学生亲身“经历”一次模型的建立过程，也是接近真实体验“发现问题—提出解决方案—建立模型—提出推测”这一系统思考和寻找解决问题途径的具体过程。学生在课堂上最后通过自己建立的模型提出了核心问题的预测，给了学生初步解决问题后的成功体验。这样的模型，让学生看清楚藏在事件或趋势背后的“结构”，让静态的问题动态化，让学生看到了表面背后的原因。这样的成功体验在学生的意识中留下了深刻的烙印，对于培养学生系统思考能力大有裨益。学生有了深刻的成功体验，无疑会对解决类似的问题产生更加浓厚的兴趣，既是乐学也能善学。

3. 利用学科整合，提升学生乐学善学的层次

现实世界中的问题，绝大多数都不是哪一个学科的单独问题，要解决一个现实问题，也要依靠多种思维的整合。思维的层次有高低，如何引导学生摆脱乐于学习和善于学习的简单问题，如何培养学生的思维层次从简单和低层次进阶到复杂和高层次，是摆在所有教育者面前的一个难题。《挑战鲤鱼入侵》这一节课，给了我们一个很好的示范。

这节课很好地利用了 STEAM 教育思想的核心，即学科的有机整合，整合了生物、数学、工程学等学科，真实地为学生呈现了现实问题，并有效引导学生解决了这个现实问题。在解决问题过程中，学生运用了数形转换、构建模型、趋势预测等相对高阶的思维模式，实现了学生学习和思维品质的进阶。

利用学科整合，这节课提供给学生的不单是有趣的内容，使学生乐学，更是高阶的思维方式，使学生善学。而乐学和善学本身就是相互促进的，乐学后才能善学，善学的学生更乐学，这使得学生更容易走进一个良

性循环，进而形成乐学善学的生活习惯。

在教学实施的过程中，学生思维活跃、课堂参与度高，形成了以学生为中心的“做中学、学中思”的课堂氛围。老师提供给学生适合的学习内容、引导学生进行系统的思考、整合了学科问题，有效地提升了学生的思维层次，进而培养了学生乐学善学的习惯，提升了学生解决实际问题的能力。

点评专家：长春吉大附中力旺实验中学　王志锋

要点八　勤于反思

要点解读

孔子曰："学而不思则罔，思而不学则殆。"在核心素养中明确指出，思考能力是学生三大关键能力之一，而反思能力则是思考能力的重要表现形式。所谓"反思能力"是指具有对自己学习状态进行审视的意识和习惯，善于总结经验；能够根据不同情境和自身实际，选择或调整学习策略和方法等。

作为老师，我们要不断进行教学反思，反思有助于教学经验理论化，是促进老师专业成长的核心因素。作为学生，在学习中也要不断反思，在反思中寻找不足、发现问题、改进思维方式，在反思中客观地认识自我，经历认知过程，培养创新精神。

现代教育家杜威就曾提出"反省思维"的概念，认为"反思性思考"对培养学生创新能力具有重要作用。可见反思在提高学生学习效率，培养创新能力中具有重要意义。那么，如何培养学生的反思能力，让学生勤于反思、善于反思呢？

1. 把握反思的时机，引导学生反思

（1）新旧知识迁移引导学生反思，让学生建立认知结构，掌握学习方法。

学生在学习新知时，要借助已有知识经验进行主动建构。在学生通过这种顺迁移进行学习时，老师要及时引导学生反思新旧知识之间的联系，

使学生掌握利用已有旧知探索新知的方法，培养学生解决问题的策略，提高学生的学习能力，帮助学生建立清晰的认知结构。

（2）在课堂总结中引导学生反思，培养学生的反思兴趣，提高学生的反思能力。

学习是一个知识建构的过程，自我反思有利于学生知识的建构。每节课我们都给学生留有一定的回顾反思时间，即：在一堂课结束时，老师可引导学生对整节课的内容进行小结，小结时不能流于形式，如“通过本节课的学习你有什么收获?”这样的提问思维含量不高，学生说的时候不能由点及面。所以课堂小结时要结合本节课的特点，所提问题要能引发学生反思，如：①这节课我们学到了什么？运用了哪些方法？②这节课还有什么不懂的？③本节课的新知识可用来解决哪些问题？把问题稍作延伸，又该如何解决？使学生能够举一反三，从而产生一系列疑问，促进反思，引发探索。

（3）在错误发生时引导学生反思，让学生的思维由模糊变清晰。

随着观念的更新，我们逐步认识到：错误本身就是达到真理的一个必然环节。我们应该在学生发生错误时及时引导学生反思，让学生的思维逐步由模糊走向清晰，促进学生认知水平的提高和发展。

2. 开展多种多样的反思活动，培养学生的反思能力

教师可以开展多种形式的反思活动。例如，老师可以让学生通过写纠错本、自我评价、学习经验交流、思考过程、试卷的自主分析、能力汇报会、学习成果展览等反思活动，让学生了解一些反思方法，增强反思意识，懂得反思的重要性。

这些反思活动使学生乐思、善思，从而使学生养成良好的反思习惯，提高学生反思的能力，调动学生的自觉性、主动性，使学生学会学习，从而提高学习效率。

名师课例

七年级生物《食物链和食物网》

执教者：长春吉大附中力旺实验中学　梁　雪

（一）视频激趣，引入新课

师：请同学们一起来欣赏一段动画电影，思考一下，这段影片描述的是什么现象呢？（播放视频）

生：螳螂捕蝉，黄雀在后。

师：哪位同学能说说这些生物之间是什么关系呢？我们可以用什么方式来表示这种关系呢？

生：捕食关系。

生：可以用食物链来表示。

师：什么是食物链？如何能正确书写食物链？今天我们就一起来学习。

（二）小试牛刀，总结方法

师：哪位同学能试着写出视频中的食物链？

生：蝉→螳螂→黄雀（学生在黑板上书写食物链）。

师：同学们预习的很好，知道书写食物链时生物与生物之间用箭头相连，箭头的指向是什么？

生：黄雀吃螳螂，箭头指向黄雀。螳螂吃蝉，箭头指向螳螂。谁吃就指向谁。

师：正确。箭头要指向捕食者。其实箭头在生态系统中还有更深的含义，在接下来的内容中我们会进一步学习。

师：同学们回忆我们之前学习的生态系统的组成，判断这条食物链是否正确呢？

生：不正确。

师：哪里不正确？

生：在生态系统中必须要有生产者，因为生产者能够进行光合作用制造有机物，而消费者直接或间接以生产者为食。

师：说得非常好！看螳螂、蝉、黄雀在生态系统中都属于什么角色？

生：消费者。

师：对，所以这条食物链中缺少谁呢？

生：生产者。

师：哪位同学能把这条食物链补写完整？

生：在蝉前面写上“树”，再与蝉之间用箭头相连。

师：箭头指向谁？

生：蝉。

师：（老师在黑板上写出完整的食物链）螳螂、蝉、黄雀都是消费者，它们在食物链中有什么不同呢？

生：一级比一级高。

师：非常好！黄雀是消费级别最高的。所以学生在书写食物链时，一定要写到该生态系统中最高级的消费者。

（三）合作探究，寻求真知

师：学生对食物链的书写有了一些了解，想不想试着写写？

生：想。

师：好，请同学们看大屏幕，这是一个草原生态系统，图中给定了一些不同种类的生物，给每个小组布置一个任务，在10分钟内找出并书写这个生态系统中所有的食物链。

（学生以小组为单位，进行讨论和交流，写出食物链）

师：好，我看每个小组都写出很多食物链了，下面每个小组派代表依次到黑板上写出食物链，要求不能重复。

（生：每个小组依次派代表到黑板上书写找到的食物链）

师：同学们，我们把这些食物链在大屏幕上画出来。（学生在黑板上写食物链，老师将写出的食物链在图中画出来）

师：同学们请看黑板上写出的食物链有没有书写不正确的？

师：谁能总结一下如何正确书写食物链呢？

生：食物链应该从生产者开始。

生：从第二个位置开始是消费者，一级一级写。

师：写到什么时候结束呢？

生：写到最高级的消费者。

师：很好，那我们给定的这个草原生态系统中最高的消费者有谁呢？

生：狐狸和鹰。

师：很好！同学们有没有注意到在食物链中包括生态系统中的哪些成分呢？

生：有生产者和消费者，没有分解者和非生物部分。

师：食物链从生产者开始，写到哪儿结束呢？

生：写到最高级的消费者。

师：对，但要看给定的生态系统中的最高级的消费者是谁！

师：生产者和消费者之间用箭头连接，那箭头还有没有其他的含义呢？

生：生物之间吃与被吃的关系。

师：那么在吃与被吃的过程中生物得到了什么呢？

生：从被吃的生物中得到有机物。

师：非常好！得到的有机物在分解的过程中，生物能获得什么呢？

生：能量。

师：所以同学们有没有发现生态系统中物质和能量是沿着什么流动的呢？

生：食物链。

师：除了食物链之外还有没有别的呢？请同学们看大屏幕，我们刚才将写出来的食物链画在图中，同学们有没有看出这些食物链交错在一起形成了什么呢?

生：食物网。

师：真聪明！这些食物链交错在一起形成了食物网，物质和能量不仅沿着食物链流动，也沿着食物网流动。

（四）学以致用，归纳提升

师：请同学们根据刚才所学来判断这四条食物链是否正确，并说出理由。

生：第一条和第四条是对的，第二条和第三条是错的。

师：其他同学有不同意见吗?

生：第四条是不对的，食物链里箭头指向反了，应该指向捕食者。

师：非常正确！哪位同学能说一说第二条和第三条错在哪里呢?

生：第二条不应该写阳光和细菌。

生：第三条没有生产者。

师：看来同学们已经能够掌握食物链的正确书写原则了。同学们看草→兔→狐狸，这条食物链中，如果狐狸的数量减少了，兔的数量会怎么变化呢?

生：会先增多后减少。

师：为什么呢?

生：因为没有了天敌所有兔子的数量就增多了，但兔子增多会导致草的数量减少，这样下去兔子就没有吃的了，数量也会减少。

师：分析的非常正确。同学们看这个生态系统中有这么多食物链，狐狸数量减少只会影响兔子和草吗？其他的生物有没有受到影响?

生：有，其他的生物数量也会随之发生变化。

师：这就是“牵一发而动全身”的道理，所以在生态系统中生物之间的数量关系是相对平衡的，这就是生态系统的自动调节能力。

那请同学们来看这样一条食物链，这是淡水生态系统中的一条食物链，同学们从这篇资料里看出什么了？红点代表的是有毒物质。

生：食物链中生物的级别越高积累的有毒物质越多。

师：那这条食物链中谁积累的有毒物质最多？

生：大鱼。

师：这条大鱼如果被人食用了，会怎么样呢？

生：人体内的有毒物质最多。

师：我们可以看出有毒物质会沿着食物链逐渐积累，营养级别越高的生物积累的有毒物质越多，这就是富集现象。这种现象说明有毒物质有什么特点？

生：在生物体内不容易被分解。

师：通过刚才的分析，同学们会想到什么？

生：我们不能随意排放有毒物质，因为最后受到伤害的是人类自己，我们应该保护环境。

生：我们污染环境，最后遭殃的还是自己。

生：我们不应该随意向水中排放污水。

师：同学们说得非常好，保护环境就是保护自己，只有我们拥有健康的环境，我们才能拥有健康的身体。

（五）课堂反馈，总结方法

师：今天的内容讲到这里就结束了。下面请同学们做课堂检测试题，检验一下今天所学习的内容。

师：第 7 题，下面为某生态系统示意图，该生态系统的食物网中，共有几条食物链？同学们的答案集中在 B 和 D，谁能说出这个生态系统中最长的食物链是哪条？

生：青菜→昆虫→青蛙→蛇→鹰。

师：正确！同学们想想，如果想要找出正确的食物链，我们可以先确定食物链中的两个位置，哪两个位置呢？

生：生产者和最高级的消费者。

师：对！只要确定这两个位置，在找食物链时就不会错了。好，这节课讲到这里，下课！

课例点评

《食物链和食物网》是人教版初中生物学七年级上册第一单元第二章第二节的内容。本节课主要是引导学生建构生态系统的概念，分析生态系统的组成和结构，理解生态系统自动调节的特性，而食物链和食物网是生态系统的营养结构，使生态系统具备一定的调节能力。对于食物链的正确书写原则，也是中考中重点考查的知识点。

本节课重点体现了核心素养之勤于反思的培养，主要体现在以下几个方面：

1. 在新旧知识衔接时，引导学生反思

在导入时，老师利用视频内容让学生写出食物链，因为学生之前进行了预习，对食物链有了初步的了解，但并没有掌握书写食物链的正确方法，写出来的食物链是不完整的，老师让学生通过回忆之前学习的生态系统组成成分，让学生反思和分析，这条食物链缺少的部分是什么。学生通过更新自己的新旧知识，使模糊的知识逐渐清晰起来。

2. 在小组合作过程中，引导学生反思

本节课在梳理食物链正确书写原则这一环节中，老师采取了组织学生进行小组合作的学习方式。学生们在小组内互相讨论和交流，在合作过程中发现自己的错误，在同伴的讲解、老师的指导中找到书写正确的食物链。再通过小组展示，小组之间互相纠错、改正，让学生在交流和反思中总结出食物链的正确书写原则，找到草原生态系统中包含的食物链。小组合作赋予了学生学习的主动权，提升了学生学习的积极性，同时在交流和讨论过程中发现自己的不足，相互之间取长补短。

3. 在情感态度培养中，引导学生反思

老师利用淡水生态系统中的食物链，引导学生分析有毒物质的富集现象，最后提出问题“含有有毒物质最多的大鱼如果被人吃掉，会怎么样呢”？学生回答“有毒物质会进到人的体内，人就是积累有毒物质最多的动物”，老师追问“有毒物质是哪里来的呢？同学们想到了什么”？引发学生的思考。在学生反思人类行为的过程中，想到自己应该如何去做，培养了学生保护环境的情感态度价值观。

4. 在课堂反馈中，引导学生反思

在课堂练习中，有这样一道题，让学生找出所给图中所有的食物链，学生错误较多，老师让学生先找出该图中最长的一条食物链，让学生回忆本节课学习的食物链的书写原则。学生经过思考，明确食物链中在第一个位置的永远是生产者，在最后一个位置的是该生态系统中最高级的消费者，通过思考和分析，让学生总结，如果要找出一个生态系统中所有的食物链，首先要确定该生态系统中的生产者和最高级的消费者。在课堂反馈中，老师能够发现学生的问题，引导学生反思，让学生找到学习的方法。

从整体上来看，本节课在教学设计上注重培养学生的反思能力，老师在每个环节中都给予学生思考的时间，能够做到让学生通过自己的反思掌握学习的方法，达到情感的升华。教学设计思路清晰，教学步骤环环相扣，教学重点明确，在课堂教学中培养学生的反思意识，使其养成良好的反思习惯，从而具有一定的反思能力，教会学生学习。

点评专家：长春吉大附中力旺实验中学　王志锋

要点九　信息意识

要点解读

《中国学生发展核心素养》中指出，“信息意识”的主要内涵是：能自觉、有效地获取、评估、鉴别、使用信息；具有数字化生存能力，主动适应“互联网＋”等社会信息化发展趋势；具有网络伦理道德与信息安全意识等。

当今时代，全球信息化趋势已经浮出水面，这一趋势引领和驱动着社会的发展、时代的进步。发展学生的信息意识已经成为世界主要国家（地区或组织）核心素养框架中的共识：世界经济合作与发展组织（OECD）发布的《素养的界定与遴选》中提到的“互动地使用知识与信息的能力”，欧盟正式发布的《核心素养：欧洲参考框架》中提到的“数字化素养”，美国核心素养框架中提到的“信息、技术与媒体的技能”，以及芬兰国家教育委员会认为未来人才需要具备七大方面核心素养与能力之一的“综合素养、信息技术与沟通能力”等，都是对这一要素从不同方面的阐述。由此可见，无论是从全球化发展趋势对于人才的要求，还是对中国学生未来所应具备的“关键能力”，其中的重要一项都指向“信息意识”。

从信息素养的角度来说，未来学生必须掌握信息的检索与整合技能，自觉地在日常生活和工作中采集信息，并能够批判性地分析所获取的各类信息，同时学生也要建立网络安全和网络责任意识，能够合理地发布和使用信息。

从信息技术掌握的角度来看，学生就能够将信息技术充分融合到沟通、交流、组织、研究等未来工作和生活的各项活动之中。学生应掌握基本的电脑技术，学会下载、检索、分类、整合、评价、创建等基本技能，要学会选择合适的媒介，理性地利用信息技术促进问题的有效解决，激发各种可能的创新与创造性活动。

如何培养学生信息意识这一素养呢？

1. 利用学科教学发展学生的信息意识

学生信息意识的形成与发展不是孤立于某一学科、某一领域的，不能简单地理解为运用手机、平板或电脑进行网上学习与操作。

在中学阶段，要善于将学生信息意识的形成与发展，融入各个学科的教学当中，引导学生关注有效信息，形成对于信息的敏感度和使用信息的自觉性，初步学会利用信息解决学习问题的能力；让学生懂得收集信息的有效路径，可以通过阅读书刊、查阅工具书、网上搜索和向他人请教等方式得到所需要的信息；同时让学生初步掌握信息筛选和处理的一般方法，如检索、阅读、分类和比较等。在条件允许的情况下，主张把移动学习终端合理适度地融入教学当中，打开课堂外围边界，扩大教学视野，增加信息容量。客观地看，只有把对信息意识的培养融入学生具体的学科学习活动中去，融入学生实际生活中问题解决的需要中去，才更能凸显出信息意识的价值。

2. 充分发挥信息技术学科在学生信息意识培养中的基础作用

信息技术学科是学生信息意识形成与发展的基础，承载着技术学习的任务，具有天然的学科优势。当下，由于信息技术在生活中的普及性应用，学生在进入该学科的学习之前，已经一定程度上掌握了网络搜索、网页浏览等技术，这既是学生学好该学科的“学力”基础，也对教师把握学生信息技术的学习起点，教好这门课程提出了更高的要求。面对起点不一的学生，教师应立足于规范基本的技术使用方法，介绍常用的工具软件及应用技巧等。

3. 依托实践性活动推动学生信息意识的应用能力发展

就目前来看，基于学科教学开展的学生信息意识的培养还处于网上搜索、资料汇报等静态化的水平上，还难以从根本上调动学生主动参与、积极使用信息的状态。因此，采用综合性学习、项目式学习（STEAM 课程）等，是形成和发展学生信息意识的有效载体，能够引导学生感受信息价值，诱发学生使用信息的自觉性和内驱力。

例如，学生获取地理信息是指学生根据文字资料、图表、各种数据、画面符号等，获取信息（发现、收集信息），解读信息（对信息的理解）。尤其整合的复习知识内容应更有利于培养学生对信息的获取能力。整合学生学过的知识内容，可以帮助学生找出一条主线来统领所授知识，厘清线索，便于学生记忆；能够让学生从整体上提取自身地理知识，对具体地理现象、地理概念的信息能够有效地抽取，并且印象深刻。例如，古人在一篇游记中写道：“登高南望，俯视太行诸山，晴岚可爱。北顾但寒沙衰草。”据此看下图，回答问题：途中有六个经纬交点，其中与游记作者登临之地相距最近的交点的地理坐标是（　　），作者北顾的是（　　）高原的深秋景色。

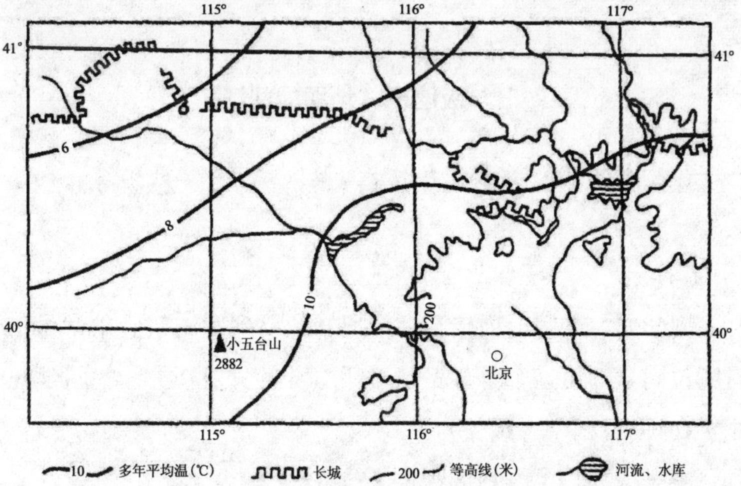

这个问题的设计考查了学生收集获取地理信息的能力。回答以上地理问题的关键在于学生能够从图文中获取有用的地理信息，作者登高、俯视，说明所在地海拔较高，南望说明在太行山的北面，由此就可以判断出作者的地理位置，这两个问题就迎刃而解了。

4. 有效融合学校、家庭和社会的三方合力，提升信息素养

信息素养是一种综合能力，是基于信息技术支持，强调对技术的理解、认识和使用技能。重点是内容、传播、分析，包括信息检索以及评价，涉及更为宽阔的视野。

在自媒体发达的今天，信息的采集、发布和传播等已不局限于电视、报纸等传统媒体当中，博客、微博、QQ、微信和各种短视频软件都成为信息发布的平台。参与信息发布的人员已不局限在成年群体，青少年也参与其中，其受众人群则更为庞大和丰富。因此，在中小学阶段，强调信息素养，关注信息安全就显得尤为重要。特别是要关注到学校、家庭和社会的三方合力，打通沟通渠道，及时交流反馈，形成三方共同管理、共同监督的机制。

名师课例

七年级地理《地图的阅读》

执教者：长春吉大附中力旺实验中学　马小雪

（一）导入

师：同学们，老师上周接到一个通知，要到宽城实验中学做一节公开课，有哪位同学知道这个学校？请举手（学生举手）。哪些同学知道宽城实验中学在哪里？（学生描述）

师：有哪些办法了解到这所学校的位置？

生：用地图。

师：提前看地图，能让我们少走很多弯路，大大提高了办事的效率。看来地图是我们日常生活、生产中不可缺少的使用工具，同时也是我们学习地理所必需的重要工具。到底什么是地图呢？我们拿到地图要怎么去阅读呢？

（二）在阅读地图过程中初识地图

师：什么是地图？地图定义中的指导学生的关键词有哪些？

生：符号、比例尺、平面。

师：展示宽城实验中学学校平面图和一张风景图，让学生判断。请学生根据校园平面图为大家介绍。

（学生介绍宽城实验）

（三）以用促学、探寻“地图的语言”

（这一部分采用学案的方式，让学生们通过阅读教材，理解教材完成学案）

（1）比例尺篇。

什么是比例尺？

在宽城实验中学地图上，如何测算从大门口到我们上课教学楼的图上距离是多长？实地距离是多长？如何利用图上给的比例尺计算出来？

总结如何在地图上测算两点之间的距离。

比例尺还有哪些表现形式？

老师展示地图（图 1.3）填写表格 1.3。

认识到：比例尺越大，范围越小，内容表示越详细；比例尺越小，范围越大，内容表示越简略。

过渡：大家都听过四面八方，哪四面，哪八方呀？

（2）方向篇。

展示动物园地图，请找白天鹅在猴子的什么方向。——一般定向法。

展示教材图 1.24 经纬网地图，请问怀特霍斯大致在温哥华的什么方向？尼皮贡在温哥华的什么方向？

教师解读：有经纬网的地图一般适用于小比例尺的地图，大比例尺的地图一般没有经纬线，往往遵守上北下南，左西右东的规则。

提出问题：圣诞奶奶的心愿，想要一个四面八方都朝着南的房子，能实现吗？

（3）图例篇。

教师展示：世界上最早的地图“马王堆三号汉墓出土地形图”虽然是2000年前的，但是测绘水平很高，全图有80多个居民点、20多条道路、30多条河流。大家看看图上哪些是居民点？哪些是河流？

师：方框和圆圈代表居民点，由细而粗的均匀线条表示的是河流，像这样，图例就常设计成与实地景物轮廓相似的几何图形。什么是图例？

图例的定义：对地图上各种符号和注记上的说明。绘制出一种常用的图例。它通常配置在地图的边缘或拐角处。

展示教材：一些常用的图例，初步判断常用的图例。

（4）做FLASH游戏。

老师解读：同学们记住图例固然好，有很多的地图都附有图例，甚至有自己的图例系统，所以关键是掌握识图的方法和步骤。

师：下面请同学们思考，我们阅读地图的方法和步骤是什么？首先应该熟悉地图的语言，注意不同符号代表的意义；明晰地图的种类，即“先读图名、再读图例，最后读内容”。先看全图大势，再看局部细节，抓住图上的特征点、线等。

（四）学以致用，图中寻宝

教师展示之前绘制的教室地图，先让学生说说，如何阅读这幅地图。根据地图找出宝藏，课下赶快去找到自己的宝藏。

课堂小结：学生谈谈自己的收获，以及还存在哪些问题。

课例点评

《地图的阅读》是人教版初中地理七年级上册第一章第三节的第一课

时，地图是一种信息的载体，也是信息的传递工具，在生产、生活中有着极为广泛的应用。同时，地图也是地理课的第二语言，是学生学习地理知识的重要源泉。因此，教材从联系实际出发，把掌握地图的基础知识、学会使用地图的基本技能作为重点，为后续地理学习奠定了基础。

本文的教学价值在于通过对地图三要素的学习，让学生体会收集信息、整理信息、分析整合地图信息的思维过程，重点体现了核心素养之信息意识的培养，呈现以下几方面的特点：

1. 基于学科特点，发展学生信息意识

学生的地理信息意识和能力的培养在初中地理教学中具有重要的意义，学生地理信息的获取途径主要在课堂教学中，充分使用各种信息资源提升老师和学生的地理信息意识，从而提高学生的信息素养。在本节课的教学中，老师依据文本特点，设计了关注有效信息的多层次活动，在阅读地图过程中初识地图，以用促学、探寻“地图的语言”，学以致用，途中寻宝等环节。

（1）老师在导入过程中，以大家最常见的问题导入，当去一个陌生地方的时候，想要了解其地理位置，一定要阅读地图，层层递进，犹如剥丝抽茧引发学生思考。在阅读地图的过程中认识地图的概念、关键要素。老师首先让学生根据提供的两张图上的信息认识地图，从而提取出判断地图定义的关键信息。马小雪老师的课从刚开始出示学校的平面图，让学生观察提出问题，再到吉大附中与宽城实验中学的平面地图中引申地图的知识，都在培养学生观察地图信息的能力，让学生们自己乐学、自己寻找、自己思考。正如《2011 版义务老师地理课程标准》所提到的“浏览的评价，重在考查学生能否从阅读材料中捕捉有用信息”。这里需要说明的是，学生收集的信息可以是多样的：不仅可以是数字化的，也可以是语词化的。

（2）在使用地图的过程中具体学习地图的语言。教师通过下发学案，采用小组合作学习的方式，引导学生在读图中“学习地图三要素”，达到简单知识自己学，复杂知识老师点拨，形成和发展学生捕捉信息的意识和能力，也教给学生整合信息的策略。

（3）在“学以致用，图中寻宝”的环节中，学生通过对地图的定义、三要素的学习，明确了阅读地图的重要依据，是在掌握一定线索的基础上进行的学习活动。借助图中寻宝的环节，学生先要利用所学的信息看图，打通了学生运用信息的管道，对已经掌握的信息进行重新估计和认识，让他们能够把已知信息在甄别的基础上，转化迁移到未知领域上去。

2. 基于学习工具，落实学生整理信息的能力

在本节课的教学当中，老师借助可视化的学习工具提升了学生处理信息的能力。主要表现为：

（1）教师通过学案落实本节课的难点，有助于学生从整体上把握有价值的信息，提升思维品质。

教师把学生很难掌握的重点和难点，按照难度梯度编制成学案，学生通过阅读教材，把简单的问题完成，至于回答不上来的问题，也形成了思维的困惑，例如，比例尺的换算、比例尺的比较，经过学案筛选，最后难点通过老师引导依次攻破，学生可以有针对性地聚焦关键信息，更有利于提升学生的思维品质。

（2）以学生进行图中寻宝活动为任务驱动，让学生学会使用本节课所掌握的信息。

图中寻宝，目标明确，要找到宝藏必须学会看图例、找方向、换算比例尺，从而让学生在头脑中感受阅读地图的方法，再通过语言表达寻宝过程，这样的设计意图就在于引导学生学会梳理与表达，让学生自觉地把讨论归纳中得到的信息与指向表达联系在一起，进行信息的重构。

3. 基于学习动机引导、培养学生学习关键信息的信心

根据初中学生的心理年龄特征，老师因势利导，几乎贯穿整节课的温

柔的笑容，无时无刻不在感染着、鼓动着学生与陌生的老师靠近、熟悉；高度的随机应变的能力，“面对学生弄掉地球仪的尴尬，轻柔地说一句连地球仪都在为你鼓掌”，轻松化解学生的尴尬和课堂的气氛；后续学生更加积极主动思考问题、回答问题。严肃的老师可以赢得每个班级的沉静，却换不来学生报以真挚的笑容和更加灵活的思维运转。

总之，从整体上来看，本节课的教学设计简洁清晰，教学步骤环环相扣，教学重点明确。老师给予学生大量充分的时间阅读教材、思考问题。在学生讨论交流中对有价值的信息进行识别、筛选、整理与运用，为发展学生的信息意识起到了很好的助推作用。

点评专家：长春吉大附中力旺实验中学　王志锋

专题四◆健康生活

在中国学生发展的六大核心素养中，“健康生活”是学生发展其他核心素养的基础。“健康生活”主要是学生在认识自我、发展身心、规划人生等方面的综合体现。它具体指一个人在身体、精神和社会等方面都处于良好的状态。现代人的健康观是身体健康，世界卫生组织提出“健康不仅是躯体没有疾病，还要具备心理健康、社会适应良好和有道德”。而教育的直接目的是促进学生的身心发展，健康生活的能力则是学生幸福生活的基础。

构建核心素养引导下的新课堂，需要三种“健康生活”：珍爱生命、健全人格、自我管理。

要点十　珍爱生命

要点解读

生命是最宝贵的。生命的存在，无论是从人道主义，还是社会法则，都值得我们每一个人去敬畏，去呵护，我们没有任何权力去践踏生命的尊严。珍爱生命就是要帮助学生认识生命、尊重生命、热爱生命，提高生存技能和生命质量，促进学生主动、积极、健康地发展生命，实现生命的意义和价值。

珍爱生命是一个人生存与幸福的基石，因此，在教育教学中，要将珍爱生命贯穿始终。生命在于敬畏，让学生理解生命的意义与价值，焕发生命别样的精彩。生命需要呵护，要树立安全意识，掌握生存、自救自护的基本本领。生命在于运动，只有通过运动，生命才可能延续发展。要引导学生学会运动、学会锻炼，遵循运动规律，掌握科学运动的方法与技能，提升自己的生存能力。生命在于尊重，善待并尊重生命是一种修养，任何自暴自弃、不负责任的行为，都是对自己生命的亵渎，要养成健康生活的习惯和方式。

生命教育是由美国学者华特士在1968年首次明确提出的。近几年，我国在教育研究中“生命教育”一词也被广泛地提了出来。促进人的全面发展是现代教育的基本宗旨，珍爱生命教育是学校教育中不可忽视、不可或缺的一环。生命教育的最终目的就是引导学生正确认识生命，培养学生珍惜生命，尊重生命，热爱生命的态度，增强生活的信心和社会责任感，树立积极的生命观，实现生命的意义和价值。

如何培养学生珍爱生命呢?

1. 培养学生理解生命的意义和人生价值

生命的意义在于：它是实现个人的潜能与理想；是实现生物性上的完美；是追求智慧与科学学识；是去做有益、正确的事；是去爱、感受并享受生活；是拥有权利、变得更加强大。人生价值是人们通过学习、工作、劳动和创造，有所发现、有所作为，使自己的存在对社会、对他人有意义、有价值，从而激发出强烈的自我存在感。

在对学生的培养上，我们应该突破传统教学思路，将珍爱生命融入各学科教学中，融入各种教育活动中，认真挖掘珍爱生命的内涵。“身体发肤，受之父母，不敢毁伤，孝之始也。”这是对生命教育的最高诠释。只有呵护生命，我们才能活得光鲜亮丽，才能彰显生命的教育意义。树立正确的幸福观与发展观，让学生怀着梦想，憧憬未来，懂得生命的意义奋斗不息。积极营造充满爱的平等和谐氛围，让学生在享受爱中，懂得尊重生命、珍爱生命。让学生品味成功的快乐，感受自豪感，体验只有付出才能获得回报的人生价值。

2. 培养学生具有安全意识与自我保护能力

安全意识，就是人们头脑中建立起来的安全的观念，是人们在生产生活中，对各种各样可能对自己或他人造成伤害的外在环境条件的一种戒备和警觉的心理状态。自我保护能力是一个人在社会中保存个体生命的最基本能力之一。

增强教学技术动作的实用性，如在前滚翻课程中向学生讲解该动作可预防身体失去重心后前倾的危险等。增强学生的健身意识，树立自我防范意识。强调体育在提高自身身体健康以及人身安全上的重要性。

3. 培养学生掌握适合的运动方法和技能

运动技能是指学生在体育学习和锻炼中完成运动动作的能力，它反映了体育与健康课程以身体练习为主要手段的基本特征，是课程学习的重要内容和实现其他学习方面目标的主要途径。

教师在教学中依据学校体育与健康课程实施计划的教学内容中的“内容类教学目标模型”对课程标准的各个方面、各级目标进行教学内容的选择，并结合相应的理论，因地制宜，以发展的视角选择适合学生特点的具体教学内容，为制订学校的体育与健康课程实施计划打下基础。

比如，体育课程就是以身体练习为基本手段，促进学生身心健康的学科。以生命健康发展与完善为根本目的，视体育知识、技术、技能为生命健康发展与完善的基本手段。例如：啦啦操及健美操学习与竞赛的开展，是以引导学生从遵守规则到尊重人，从尊重对手上升到尊重生命、珍爱生命；让学生在公平竞争中享受运动的快乐，上升到热爱生活、热爱大自然的生活情趣。体育与生命教育都重视学生的主体参与，老师只是导向与指引，其作用旨在协助学生自主做出是非评价与善恶感受。体育课程的基本理念是坚持“健康第一”的指导思想，促进学生健康发展；激发运动兴趣，培养终身体育意识；以学生发展为中心，重视学生的主体地位；关注个体差异与不同需求，确保每个学生受益。从中可以说明体育对生命健康的重视，体育活动本身就是一种生命教育实践形式，体育对生命教育有太多生动丰富的教材可以利用。

4. 培养学生养成健康文明的行为习惯和生活方式

习惯是一种自动化的行为方式；是在一定时间内逐渐养成的，它与人后天条件反射系统的建立有密切关系；习惯不仅仅是自动化了的动作或行为，也可以包括思维的、情感的内容；习惯满足人的某种需要，由此习惯可能起到积极和消极的双重作用。生活方式狭义指个人及其家庭的日常生活的活动方式，包括衣、食、住、行以及闲暇时间的利用等。广义指人们一切生活活动的典型方式和特征的总和。

5. 关注学生生命的需要，让珍爱生命的价值观教育深入学生的内心

青少年学生一般都有获得新体验的需要、获得认可与被欣赏的需要以及责任承担的需要。当需要产生的时候，就会意识到生命的宝贵，关注生命的价值，提高生命的质量就必须关注人的现实生活，只有学生的现实生活是有趣的、幸福的、快乐的、丰富多彩的，他们才能深深地体会到生命的意义与价值，才能对未来充满期盼与希望。新课程标准要求关注学生的学习兴趣和情感体验，这不仅体现了新课程对生命生长规律的关注，更体现了新课程中“课程是经验”这一新的理念，使学生的课程向自然回归、向生活回归、向社会回归、向人自身回归，这些都为学生的情感体验创造了条件。让学生的生命是情感的生命、价值的生命、意义的生命。生命在于运动，运动增添活力，提高生活情趣，这是大家公认的哲理。一个人来到这个世界，就要不断地参加社会各项活动，从而实现自己的理想与人生价值。世界在动态中运行，我们人类也是如此，在运动中不断地追求着新生活，新的奋斗目标。我们的生命在运动中得到体现，只有不断地运动，才能发挥出生命的价值。每个人都在不停地向前运动着，在运动中不断地完善自己的理想事业，在事业中展现一个人的魅力与能力。只有在运动中才能把一个人的生命价值体现出来。

名师课例

八年级体育《学习啦啦操及健美操四个步伐》

执教者：长春吉大附中力旺实验中学　郭　爽

导入：

体育的本质是人类社会发展中，根据生产和生活的需要，遵循人体身心的发展规律，以身体练习为基本手段，达到增强体质，提高运动技术水

平，丰富社会文化生活而进行的一种有目的、有意识、有组织的社会活动，是伴随人类社会的发展而逐步建立和发展起来的一个专门的科学领域。学生是学习的主体，应把学习的主动权交给学生，让学生在探索之中享受成功。在教学中应给予学生更多的宽容，相信学生的能力并想方设法锻炼学生的能力。通过本课学习，学生们重点学习啦啦操及健美操四种步伐，着力培养学生创新能力和创编意识，掌握所学的基本技术的内涵和操作要领，掌握啦啦操的创编方法，并尝试打破传统创编思路，尝试新的创编思路，使80%的学生体验运动与成功的快乐，感知生命存在的价值和意义。

（一）准备部分

师：宣布本课内容，学习《啦啦操的四种基本步伐及两种基本手位》。下面同学们跟着老师一起做热身。各组组长带领你的组员准备就绪，拉开间距。请同学听音乐，模仿展板上的动作。素材1：八块展板学生循环模仿。

师：同学们幅度加大些，动作要标准到位，加油（老师巡回指导和及时鼓励）。

（提示：在场地会有8块展板，学生伴随音乐模仿展板动作，音乐停止时则顺时针串换位置，展板上的个别动作是本课的主讲部分）

师：同学们，热身的目的是身体预热，老师看到了同学们都已出汗，下面跟着老师一起活动关节和拉伸肌肉。每个小组统一站在场地外围，间距拉开，准备！（老师领做，学生伴随音乐相随模仿）

（二）基本内容

师：下面学生们跟着老师一起学习啦啦操的两种手位和四种步伐，老师领做，大家模仿。老师提示：面部表情、肩打开、步幅加大、拳心朝内、手臂直臂向上……

（学生做动作，老师语言提示并循环指导技术动作）

（提示：学生在此环节主要是模仿跟随，多次练习，老师提示技术动

作不足之处，循环指导，以期达到多个动作的连续性）

师：下面同学们是否能把四个动作连着做一遍？每个动作四个八拍。

生：好，没问题。（学生的积极性很高）

师：同学们要注意高冲拳，直臂，很好。学生们现在做的动作叫做 k 动作，侧上侧下 45 度角的位置，大家要记住哦。手臂不要弯曲，加上摆头。

（提示：学生在做的过程中，老师要反复提示动作的重难点，并给奖励的认可，直到一首曲子停止，练习的动作跟随停止）

师：通过刚刚的练习，同学们对老师教的动作基本都已经掌握，那么能否在小组合作的方式下，进行手臂创编呢？例如：右手臂的动作我们进行创编，没有手臂的动作进行添加手臂。下面小组长带领你的组员到指定的位置进行研讨，现在开始。

（提示：学生到指定位置，进行研讨）

师：老师给同学们准备了一些手臂动作的素材，仅供参考。同学们要抓紧时间，最多两分钟。素材 2：大屏幕播放老师自编的啦啦操动作。

（提示：老师下发任务，准备了多个任务。同时，老师跑步循环指导，纠正错误动作并做示范，例如：绷脚背，高冲拳手臂伸直。学生在小组研讨，创编）

生：老师，k 动作是这样做吗？

师：不是的，应该是手臂侧上侧下角度都是 45 度。脚下的动作是重心在两腿中间，脚下弓步。

生：老师我们完成了一个任务，我们还想要一个任务。

生：老师我们也完成了第一个任务，还想再领一个任务。

师：请组长领完任务后告诉你们的组员。

生：我们的任务是再重新加一组动作或改编一组手臂。

师：你们有信心吗？

生：有，1，2，3，加油！

（提示：老师跑步指导，穿梭在队伍之中，参与学生创编的动作之中，从中发现不足，指导学生弥补不足）

生：老师我们又完成一个任务，可以再给我们一个任务吗？

师：你们很有效率，老师要检查一下你们的质量，跳一遍你们的创编动作给我看一下如何？

（提示：学生在积极地展示小组创编的动作，并感觉很自豪）

师：同学们完成得很好，但要记住高冲拳时手臂不要弯曲，拳心朝内，小跳时手臂不要弯曲。下面看一看下一个任务是什么吧。

生：老师有个动作还是没做好，就是 k 动作。我们完成了这个任务，想再领一个任务。

师：k 动作老师给你调整一下，脚下重心在两腿中间，出手速度要快，一次到位，老师给完任务后第一时间告诉组员任务是什么。

生：老师，我们小组也完成了一个任务，想要再领一个任务。

师：你们小组很快啊，再给你们一个任务，那给老师展示一下吧。

（提示：每个小组完成的时间都差不多，完成任务的小组可以再次找老师领任务，完成下一项任务，老师进行抽查完成的程度）

师：同学们，老师看到了你们在创编过程中积极性都很高，在老师的帮助下，动作基本标准。那是否能进行展示呢？

生：能。

师：哪组可以先来展示？

生：我们组！我们组！我们组！

（提示：学生争先恐后要展示，打破了内心的拘谨，自信满满）

师：既然大家都想展示，那就按照从小到大的顺序来，第一组准备。

（提示：以场地中间为展示舞台，以小组合作的方式，按照 1～4 组的顺序展示，展示目的主要是技术学完后要提升学生的自信心，体验成就感。同时，体会到学有所用。老师巡回指导，提示）

师：同学们现在去拿自己小组的花球，再次进行展示，请各位观众把你手中的评价卡准备好，展示结束后，把你手中的评价卡贴在小组长的身上。

（提示：学生以小组的方式进行展示）

师：学生们用这节课的创编动作，再结合上节课的队形（三角形、六边形、圆形）看看能不能做到套路展示？

（提示：学生自信满满，要四个小组一同展示）

师：下面我们以班级为单位进行花球啦啦操表演，小组展示的动作为本节课创编的动作及队形。

（提示：凝聚班级力量，以团结为根本）

师：同学们，我们整节课下来腿部已经上足了力量，下面让我们跟随音乐一起提升一下上肢力量。看大屏幕，这是在上节课的作业中挑选出来的视频，学生相互模仿即可。素材3：大屏幕播放上节课的视频作业，手臂练习动作。

（提示：老师采用翻转课堂的方式，直接练习，学生相互模仿，老师巡回指导，提示纠错。翻转课堂的好处是给老师大量的指导时间）

师：同学们的手臂是不是有些酸痛呢？

生：是的。

（三）放松环节

师：那跟随老师做一些比较舒缓的动作进行放松，同学们把拉力带折叠好，放在脚下。

（提示：学生准备好，老师领做，学生模仿。同时，提示学生的身体姿态、脚的站位、手的位置、面部表情等）

（四）小结

师：同学们，刚刚我们通过长时间放松使我们的心率在最短的时间内降到最低，肌肉从酸痛调节到了舒缓状态，那么我对这节课同学们的学习进行一下总结。这节课我们学习了啦啦操的两个基本手位和健美操的四个基本步伐及创编。第一点：学生们的积极性和参与度都很高。第二点：马步及侧 k 的重心做得都很标准，如果向上冲拳的速度再快一些，侧 k 的手臂角度再标准些就更完美了。第三点：下节课我们是腹背肌的练习，我们需要准备腹背肌的素材，以及学习手位 R。

课例点评

“人最宝贵的是生命，生命每个人只有一次。人的一生应当这样度过：当回忆往事的时候，他不会因为虚度年华而悔恨，也不会因为碌碌无为而羞愧；在临死的时候，他能够说，我的整个生命和全部精力都已经献给了世界上最壮丽的事业——为人类的解放而斗争。”保尔的这句话曾引发了多少人对生命意义的严肃的思考，也让我们认识到珍爱生命的重要性和必要性。

郭爽老师这节课，遵循的是课程标准所提倡的三个维度，较好地尊重了学生的个性发展，同时对学生学习过程和方法充分重视，以学生自主学习、小组合作、小组 pk 的方法促进学生主动学习，从而激发学生的潜在能力。该老师课程有以下几个特点：

1. 强化学科特点，培养学生珍爱生命的自觉意识

“生命在于运动”出自于法国思想家、文学家伏尔泰之口。他告诉人们要想生存、进化、发展以及健康、强壮、长寿就应该建立起“善其身者莫过于体育”的科学心理环境。生命是物质运动的高级形式，健康的生命离不开体育运动，运动是很好的体会生命存在的方式。课程通过自主热身环节，学生可以根据提示板提供的动作自主进行热身，动作简单易学，为新授课做铺垫。同时老师可以充分地进行指导，让学生以运动的形式体会生命的存在与流动，从而培养学生珍爱生命的自觉意识。教育应当是个人一生中连续不断的学习过程，终身学习将成为一种不可阻挡的趋势。而作为为社会、为国家培养合格人才的老师，更应以终身教育为目标，将终身学习贯穿于一生，才能感染学生。通过学习，更加坚信了自己在今后的教

学中坚持学生全面发展，学有所长的做法，培养学生将来做对社会有用的人。使学生相信每个人都有自己的长处，平时千方百计地寻找他们身上的闪光点，一旦发现便给予表扬，并引导他们努力发扬，同时还注重教学中德育、智育、体育等“五育”渗透交织。只有学生在德、智、体等方面全面发展，全面进步了，老师才有成功后的喜悦。通过学习会更加关心学生的心理健康。当听到有学生说“我不行”“我不敢”的话语时，鼓励他们：“去试试”“你挺不错的”。在全体学生面前，给他们更多的机会展现自己，以证实自己的能力，从而树立很强的自信心，培养学生珍爱生命的自觉意识。

2. 强化学法指导，提升学生珍爱生命的感受能力

本课根据啦啦的操学习内容和本班学生特点，老师有针对性的指导，如在学习中讲解动作，在小组合作中指导学生易犯错误动作，重视学法指导等；学生有效地学习，采用老师学生互学的教学方法，这样既能提高学生的积极性又能保证学生的练习密度。以表演为目的，增强了学生参与的积极性和创造性，在良好的状态中体会生命的力与美，提升学生珍爱生命的感受能力。通过学习，在优化课堂教学结构上下功夫，改革课堂教学设计，根据儿童的心理、年龄、生理特点，设计儿童乐于接受的趣教，在课堂中做到少讲精练，着力体现训练过程，提问问在重点上，问在难点上，问在操作要领上。老师“少讲”“少问”便节约出时间进行多种形式的练习，把练习有机地结合。在训练中，面向全体学生，引导学生“乐学”“善学”，让学生在生动活泼愉悦和谐的课堂教学氛围中学会知识，提高感受生命的能力。

3. 激发内在潜力，形成学生珍爱生命的行动能力

在小组创编中，任务设置由简到难，以任务方式激发学生的学习欲望，先给学生设置创编手臂动作，再进行创编脚下步伐，最后创编小组队

形，达到小组创编小套路的目的，从而给学生充分的发挥空间。在课堂任务与评价方面，学生创编中，小组差异较大，任务主要是为了满足课堂吃不饱的孩子，从而激发学生的潜能。利用评价贯穿整节课，完成了评价体系。另外，力量练习采用翻转课堂的形式，课后作业可以在课堂上充分展示，激励学生更好地完成作业，从而达到终身体育的目的。素质教育和新教育已悄然来到了我们身边，教育工作既要有实干精神，又要善于开动脑筋，善于在反思中运用新技术、新理念解决教育教学中存在的问题。要在反思中扬长避短，在新形势下以自己教育教学质量不断提高为目标。

在教育教学过程中，只有不断学习，才能提升老师的教学能力，学会反思和积累，认识到自己的不足，并积极改进。只有以后会学习、再学习，才能求得更快、更大、更高的进步。

本节课在核心素养的导向下，以学生为主体，以体育运动啦啦操创编为基础，进行了实践教学和小组学习。教学过程中关注了学生的积极性和创造性。通过强化学科特点，培养学生珍爱生命的自觉意识，强化学法指导，提升学生珍爱生命的感受能力。从而，提高了教学的有效性和质量，激发了学生的内在潜力，实现培养学生“珍爱生命”这一核心素养的目的。生命仅仅是一个过程，甚至是一个转瞬即逝的过程，甚至短暂得如同天穹中一颗消隐的流星，那么我们不是应该让生命绽放更多的光彩吗？蒙田在他的《热爱生命》一文中写道：“我想靠迅速抓紧时间，去留住稍纵即逝的日子；我想凭时间的有效利用去弥补匆匆流逝的光阴。剩下的生命愈是短暂，我愈要使之过得丰盈充实。”塞涅卡也曾说：“如能善于利用，生命乃悠长。”

点评专家：长春吉大附中力旺实验中学　李　强

要点十一　健全人格

要点解读

培养什么人的问题就是教育目标问题。对这个问题的一个总体答案是：培养具有健全人格的人。何为人格？从心理学角度分析，人格就是“人的性格、气质、能力等特征的总和”，从伦理学角度看，人格指“个人的道德品质”，从法学意义上讲，人格还可以指人作为权利、义务的主体的资格。简言之，人格是个体的思想、道德、性格、气质、人生追求、行为准则、特长与优势等的总和。

健全人格是健康、正确的，符合社会发展需求的人格。据相关学者研究表明，健全人格的基本特征包括：对现实世界敏锐洞察力；可接受自己、他人和现实；与人交流交往过程中言行坦率、不做作，不以自己为中心；具有较高品格，讲求民主办事风格，不盲目跟风；情感丰富且富有幽默感等。因此，我们要培养学生具有积极的心理品质，自信自爱，坚韧乐观；有自制力，能调节和管理自己的情绪，具有抗挫折能力。

“人格教育”既是对个体良好性格与道德行为规范的养成过程，又是对“人的作为权利、义务的主体的资格”的训练过程。世界文明的发展史证实，对于人的一生而言，什么都可以通过日后继续教育，终身教育去弥补，唯有人格的养成是从小培养，较早定型的。尽管各国教育法提法各异，但有一个基本的教育观是共同的，即强调对学生人格的教育，培养符合本民族精神的能为建设国家做出贡献的良好品质，并把这一切作为教育的根本出发点。那么，如何培养学生拥有健全的人格呢？

1. 以身作则，健全自身人格

作为教育者，我们希望学生具有的美德必须首先在老师身上体现：自信、勤奋、耐心、守时、诚实、思路清晰、持之以恒、认真、可靠以及宽以待人等等。老师的一言一行、一举手一投足，都会被细心的学生观察到，从而对学生产生潜移默化的影响。因此，要培养学生健全的人格，老师自己应能客观地看待自己，力争自我成长，与别人建立和睦关系，掌握良好的能力、知识和技能，具有同情心，有良好的人生价值观，有自己的梦想并付诸实践。

我们尤其应将自己对生活的忠诚，对工作的热爱，对梦想的追求带到课堂和教室，贯穿在自己的一言一行中，让学生切身体会到那种活力与快乐，在互相感染、彼此肯定的良性循环中增强自信，积极乐观、不折不挠地迎接成长的历程。

2. 注重教育学生养成良好的习惯

养成良好的习惯，是培养学生素质教育的重要组成部分，是健全人格培养的基础方法。良好的习惯对一个人最终发展的结果影响颇深。在素质教育中，教育机构应培养学生良好的学习习惯，并要求老师能够仔细观察不同学生的不同生活习惯，因人施教。在生活习惯的基础上培养其诚实守信、乐于助人、知错就改等优良品格，有利于学生更好地学习和发展，更加有助于提高老师的教学质量，契合教育改革的目的。

3. 让学生对“健全人格”有所了解

正所谓“学应先有所知，才会有所行”。要培养学生的健全人格，就应先向学生传授关于“人格”方面的知识，强调“健全人格”的重要性，才能使学生自觉地进行自我教育。由于学生认识领域较狭窄，认知能力较低，生活经验较贫乏，因此，老师在人格教学中必须采用形式多样、生动活泼、深入浅出、易感易知的引导方式。如讨论会、课外阅读汇报、板报等，让学生对健全人格有自己的理解。

良好的意志品格的形成，不能单靠老师的简单说教，也不能单靠机械化的强化训练，而要靠教育者在实践中的引导。老师要巧妙地利用学生“渴望成功—认可—再认可”的心理，变原有的强化训练为他们的自律行为，循环往复，从而使学生养成良好的意志品格。

4. 引导学生正确对待别人和看待自己

离开了和谐的人际关系，就不可能形成健全的人格。作为塑造灵魂的工程老师，老师必须教会学生怎样协调好与父母、学生、老师之间的关系。第一，让学生懂得爱父母。老师可以引导学生观看一些反映深厚亲情的感人电影，在观影后组织班会，让每个学生讲述自己的长辈是怎样关心、爱护、体贴自己的，同时也让每个学生讲述自己为长辈做的事情。第二，培养学生的同情心。同情心是人格的重要内容。

教育应该是心灵的触动、人格的培育、精神的成长，而健全的人格是教育所追求的最核心的素养。老师要把教育的重点放在培养学生的核心素养上，这样健全人格的幼苗才会在春风吹拂、雨水滋润下，不经意间枝繁叶茂。

5. 在教学中渗透人格教育

教师在教学中要随时随地渗透人格教育。以历史学科教学为例：历史学是认识和阐释人类社会发展进程及其规律的一门学科，与人类在政治、经济、文化、社会等方面的活动密切相关，具有提高国民素质的教育功能，是人文社会科学中的一门基础学科。历史教学在普通中学教育中占有重要地位。《中学历史教学大纲》曾明确规定：“通过历史教学……使学生继承人类的传统美德，初步形成正确的道德观、人生观和价值观，形成健全的人格，具有符合社会发展需要的公民意识和人文素养。”而《历史课程标准》更是明确指出："加深对历史上以人为本、善待生命、关注人类命运的人文主义精神的理解。确立积极进取的人生态度，塑造健全的人格，培养坚强的意志和团队合作的精神，增强经受挫折、适应生存环境的能力。把培养学生正确的情感态度与价值观，培养学生健全的人格作为历史的一项重要功能。"

因此，历史教学应该注重对学生进行人格教育，引导学生形成健全的人格。历史老师要树立"学生是历史课学习的主体""历史教学要遵循学生的身心发展规律"等观念，正视人格教育的各种因素，开发、利用周围可供进行人格教育的各种资源，充分发挥历史课对人格教育的主渠道作用，帮助学生在完成基础知识和基本技能训练的同时，促进他们健全人格的形成和发展。

名师课例

七年级历史《秦末农民大起义》

执教者：长春吉大附中力旺实验中学　王海泉

（一）导入

师：同学们，在中国长达数千年的历史发展进程中，秦帝国无疑是最富有神秘色彩的朝代之一。它开创了大一统的中央集权体制，修建和连接了举世闻名的长城，统一了货币、度量衡和文字。但如此伟大的一个朝代，一个想代代相传直至万世的帝国，竟然只存在了 15 年就灰飞烟灭了！是什么原因断送了始皇帝的梦想？让我们在第 10 课秦末农民大起义中找寻答案。

（二）探究

师：秦末为什么会爆发农民起义呢？让我们来齐读一段材料。（生齐读）

生："行者相伴于道，而死人日积于市""劓鼻盈蔂（luó），断足盈车""赭衣塞路，囹圄成市"。

师：这段史料说明了什么？

生：秦朝的刑罚比较残酷，有各种残害肢体的肉刑。

师：当时在秦朝市场上，有这样一种奇怪的现象：鞋子没人买，或卖单只的，拐杖却是抢手货。秦朝出现这种奇怪的现象的原因是什么？

生：秦朝有历史上最丰富的刑法，如黥刑、劓刑等，即使免去死罪，也往往要割去鼻子或砍断双腿，挖去膝盖。所以买鞋的人少，买拐杖的人多。而且光死刑就有腰斩、枭首、弃市、车裂、凌迟等。

师：秦朝除了刑法严酷之外还有哪些不合理的制度呢？让我们看两段史料：

六王毕，四海一。蜀山兀，阿房出。覆压三百余里，隔离天日。骊山北构而西折，直走咸阳。二川溶溶，流入宫墙。五步一楼，十步一阁。廊腰缦回，檐牙高啄；各抱地势，钩心斗角。盘盘焉，囷囷焉，蜂房水涡，矗不知乎几千万落！长桥卧波，未云何龙？复道行空，不霁何虹？高低冥迷，不知西东。歌台暖响，春光融融；舞殿冷袖，风雨凄凄。一日之内，一宫之间，而气候不齐。

——杜牧《阿房宫赋》

新婚的范喜良被抓去修长城，当孟姜女寻夫找到长城边上时，却被告知范喜良已经死了。闻此噩耗，孟姜女整整哭了三天三夜，哭得天昏地暗，连天地都感动了。天越来越阴沉，风越来越猛烈，只听"哗啦"一声，一段长城被哭倒了，露出来的正是范喜良的尸首，孟姜女的眼泪滴在了他血肉模糊的脸上。她终于见到了自己心爱的丈夫，但他却再也看不到她了，因为他已经被残暴的秦始皇害死了。

——民间故事中的孟姜女哭长城

师：繁重的徭役会产生什么样的社会危害？

生：导致农桑失时。

师：繁重的徭役后，家里还要不要交税（粮食）呢？

生：要交很多的赋税。秦朝的赋税，主要有田租、口赋、杂赋三种。这些赋税加在一起，要占到农民收获物的三分之二。

师：苛政猛于虎、急敛暴征，已超过人民能负担的极限，除此之外还有哪些原因导致了秦末的农民起义呢？

生：秦二世（胡亥）的统治更加残暴。

师：学生们知道指鹿为马的典故吗？让我们来看一段史料。

赵高欲为乱，恐群臣不听，乃先设验，持鹿献于二世，曰："马也。"二世笑曰："丞相误邪？谓鹿为马。"问左右，左右或默，或言马以阿顺赵高。或言鹿者，高因阴中诸言鹿者以法。后群臣皆畏高。

——《史记·秦始皇本纪》

生：成语指鹿为马比喻故意颠倒是非，混淆黑白。

师：通过指鹿为马的典故我们可以看出秦二世统治时期朝政的黑暗和腐败。

师：请学生们阅读教材，完成表格。

大泽乡起义	
时间	公元前209年
领导人	陈胜、吴广
直接原因	遇雨不能按时到达，按律当斩
结果	被秦军镇压
地位	中国历史上第一次大规模农民起义
意义	它的革命首创精神鼓舞了后世千百万劳动人民反抗残暴的统治

师：陈胜、吴广起义为什么能得到各地农民的响应？说明了什么问题？

生：得民心者得天下，失民心者失天下；得道多助，失道寡助。

师：如果陈胜、吴广在前行渔阳戍边的途中没遇雨，秦末的农民起义还会爆发吗？为什么？

生：不会。按期到达就没有违反秦律，不会被斩首。

生：会。陈胜、吴广的队伍不起义还可能有其他的队伍起义。因为秦朝施行暴政。

师：同学们看问题很到位也很深入。这正反映了这场农民起义爆发的根本原因：秦的暴政。由于实行暴政即使陈胜吴广不起义可能就有李胜赵广起义，因为秦朝的暴政最终导致了秦末农民大起义。陈胜吴广的起义军声势浩大但由于力量分散，再加上秦军十分强大，起义很快就失败了，陈胜吴广也先后被杀。陈胜吴广虽然失败了，但唤醒了各地的农民起义，其他的起义军接过推翻秦朝的大旗，继续开展反秦的斗争。

师：陈胜、吴广起义失败后，是谁接过推翻秦朝的大旗呢？让我们先看一段史料。

高祖常繇咸阳，纵观，观秦皇帝，喟然太息曰："嗟乎，大丈夫当如此也！"

——《史记·高祖本纪》

秦始皇帝游会稽，渡浙江，梁与籍俱观。籍曰："彼可取而代也。"梁掩其口，曰："毋妄言，族矣！"

——《史记·项羽本纪》

生：陈胜、吴广起义失败后，项羽和刘邦领导的农民军继续进行反秦斗争。

师：在这过程中，有一个著名的以少胜多的战役，就是巨鹿之战。这个战役里包含了哪一个成语？你知道这个成语吗？你怎样看待项羽的这种做法？

生：破釜沉舟：公元前209年，我国历史上爆发了陈胜吴广领导的农民起义。陈胜吴广牺牲后，刘邦和项羽率领的两支军队逐渐壮大起来。公元前207年，项羽的起义军与秦将章邯率领的秦军主力部队在巨鹿展开大战；项羽不畏强敌，引兵渡漳水。渡河后，项羽命令全军："皆沉船，破釜甑，烧庐舍，持三日粮，以示士卒必死，无一还心。"巨鹿一战，大破秦军，项兵威震诸侯。

师：当时项羽在军事上处于绝对劣势，按常规战法，很难取利。项羽采取这种做法，破釜沉舟，激发了将士们的斗志，要么前进，要么战死疆场，没有任何退路。破釜沉舟并不违背兵法，兵书上就有“置之死地而后生”的说法。项羽在特殊情况下，运用这种特殊做法，应该说是高明的。

师：在项羽和秦军巨鹿之战的同时，由文臣萧何、张良和武将韩信辅佐的刘邦进军咸阳，秦朝统治者向刘邦投降，以此为标志，秦朝灭亡。所以说，是谁结束了秦朝的统治？

生：刘邦。

师：秦朝共存在了多少年？

生：从公元前 221 年至公元前 207 年，前后共 15 年。

师：秦朝灭亡了，国不可一日无主，那么，对于推翻秦朝刘邦项羽都有功劳，他们该由谁来当皇帝呢？我们来看看历史的选择吧！有一个词语叫做“鸿门宴”就与刘邦项羽有关。哪位同学讲一讲该故事？

（学生讲故事，略）

师：同学们知道楚汉之争的由来么？

生：之所以叫“楚汉之争”，是由于项羽原本就是楚国名将的后代，加上巨鹿之战后，他的威望和实力都大增，不但自封为西楚霸王，还封刘邦为汉王。因此，人们就把他们争夺天下的战争称为楚汉之争。虽然战争初期项羽无论在实力还是威望上都占据优势，但公元前 202 年却被刘邦在垓下之战中打败了。项羽在乌江边上自刎而死，刘邦则建立了西汉王朝，定都长安。刘邦即是汉高祖。

师：项羽在巨鹿之战中以少胜多战胜秦军，可后来在与刘邦争夺天下时却被实力只有他四分之一的刘邦打败。项羽死前叹道：“天亡我也，非战之罪也。”你认为他的说法对吗？请说说你的理由。

生：不对。可从以下几个方面对比说明项羽败给刘邦的原因：

（1）刘邦进入关中后，约法三章，废秦苛法，大得人心；项羽相反，巨鹿之战后，活埋秦降卒 20 万人，进入关中后，纵兵烧杀抢掠，大失人心。

（2）刘邦善于用人，身边有一批谋士良将，如萧何、张良、韩信等；项羽则不能容人，连谋士范增最后也愤然离去。

（3）刘邦有关中做根据地，无后顾之忧；项羽没有。

师：刘邦说治国不如萧何，出谋划策不如张良，带兵打仗不如韩信，为什么他就能做皇帝呢？你对韩信的了解有多少？试着用与韩信有关的成语串联起韩信的一生。

生：①胯下之辱；②一饭千金；③推陈出新；④明修栈道、暗度陈仓；⑤背水一战；⑥十面埋伏；⑦功高震主；⑧韩信点兵，多多益善；⑨鸟尽弓藏。

（三）小结

歌谣小结：始皇修建阿房宫，骊山陵墓万人动。徭役兵役极繁重，死刑车裂十多种。陈胜吴广起义中，推翻秦朝立大功。项羽巨鹿战强秦，刘邦建汉歌大风。

课例点评

《秦末农民大起义》是部编版中学历史七年级上册第三单元第 10 课的内容，从课程标准上来看本节课应体现的核心素养是培养学生的健全人格，我们培养学生要具有积极的心理品质，自信自爱，坚韧乐观；有自制力，能调节和管理自己的情绪，具有抗挫折能力。

本课讲述了西周封邦建国后所形成的一整套统治秩序，历经春秋战国的纷争与动乱基本被破坏殆尽，秦帝国建立后重新建立了一整套新的统治秩序。教材揭示了人民群众是历史的创造者和社会进步的推动者这一真理。本课介绍了秦亡汉立的历史过程，在教材中有承上启下的作用。

我们不断地引导学生关注“人”在历史发展进程中的立场、作用，理解一个社会人的复杂性，在完成历史教育的知识功用的同时，使学生树立以“人”为本的理念，进而在日常学习生活中，关注人的活动，关注自我及他人的为人处事，学会从他人的角度、立场思考、分析问题，从而为班级和学校塑造良好的人文氛围，培养团队合作的精神，形成协调的人际关系。

1. 充分体现了构建核心素养中培养学生“健全人格”这一目标

（1）教学理念新颖。

新课程的核心理念是以学生发展为本。这就要求将老师从课堂的控制者和知识的灌输者变为学生学习的引导者、促进者和参与者。老师的作用不是把学生当容器，向学生灌输知识，老师的责任更重要的是启发、诱导、帮助学生主动、积极、创造性地学习，老师要做到善于思考，敢于创新和探索。

（2）教材定位把握准确。

本课讲述了西周封邦建国后所形成的一整套统治秩序历经春秋战国的纷争与动乱基本被破坏殆尽，秦帝国建立后重新建立了一整套新的统治秩序。由于秦朝的暴政，引发了我国历史上的第一次大规模的农民起义——陈胜吴广起义 。陈胜吴广起义失败后，项羽刘邦继续反秦，最终推翻了我国历史上第一个统一的中央集权的封建王朝。项羽刘邦为争夺皇位，又进行了长达四年之久的楚汉之争，刘邦打败了项羽，建立了西汉。教材揭示了人民群众是历史的创造者和社会进步的推动者这一真理。本课介绍了秦亡汉立的历史过程，在教材中有承上启下的作用。

（3）注重调动学生的主观能动性，符合学生的认知水平。

七年级学生年龄较小，历史知识比较薄弱，思维意识较浅，且秦朝的暴政内容较为抽象，学生易产生厌烦情绪，故老师应遵循新课程的要求，采取灵活适当的教学方法及手段，对课文灵活处理，满足学生的求知欲，应该从动手、动脑、动口等方面调动学生思维，激发兴趣。教材编排了图片、历史成语故事等学生喜欢的素材，充分发挥了学生的主体作用，引导学生发挥想象，让学生体验到学习历史的乐趣。

2. 教学设计巧妙，通过历史人物的命运来反映出健全人格的重要性

（1）导入。

本节课老师以问题导入，激发了学生们的学习兴趣。

（2）探究。

利用成语典故穿针引线，提升学生人文素养，培养学生的健全人格。

如果说汉字是人类文化的瑰宝，那么，成语就是最闪亮的钻石，成语是中国文化的精髓，短短几字就能反映出一段历史，可见中国成语之博大精深，在理解成语的同时，也提高了自身的文言阅读水平。其中的人生启示更是值得万世子孙慢慢赏评。

成语既是社会生产现象或人生经验的概括，又隐含着一定的文化意蕴和人生哲理。可以说一个人驾驭成语的能力，是判断一个人人文素养的基本尺度和重要方面。因此，如果将成语典故与日常的历史教学有机结合，则会起到事半功倍的效果。成语典故涉及的历史故事大多发生在战国和秦汉时期，这恰好涉及本课的教学内容，因此我们在教学设计上可以借助与教材有关的成语来辅助教学，这样做既能激发学生学习历史的兴趣又能帮助学生初步掌握学习历史的方法。

（3）小结。

指导学生收集与本课内容有关的历史成语典故、历史故事，发挥学生的潜能，体验学习历史知识的乐趣，进而培养学生学习历史的兴趣。指导学生感悟以史佐论、论从史出的史学认识方法；体验小切口、大视野的史学观察方法。使用成语来辅助教学，从而激发学生不断增加自身知识储备，让学生初步学会反思历史，懂得以史为鉴、以往知来、见微知著。

3. 关于构建核心素养，培养学生的健全人格，本课给我们的启示

中学历史为学生展现的，就是一部人类为争取文明、进步、民主、和

平的奋斗史。在一幕幕英雄史、血泪史、人民抗争史中，“人”始终是一切的关键。在历史课中，我们突破了现有教材重政治经济，轻人文科技的框架，适当地用各种形式丰富历史发展中“人”的形象。

我们不断地引导学生关注“人”在历史发展进程中的立场、作用，理解一个社会人的复杂性，在完成历史教育的知识功用的同时，使学生树立以“人”为本的理念，进而在日常学习生活中，关注人的活动、关注自我及他人的为人处事，学会从他人的角度、立场思考、分析问题，从而为班级和学校塑造良好的人文氛围，培养团队合作的精神，形成协调的人际关系。

美国作家爱默生说过：“自信是成功的第一秘诀。”接纳自我，相信自我，是让别人信赖自己的前提，也是人获得幸福感的不二法门。在老师学生交往过程中，老师应用一双善于发现美的眼睛去挖掘学生身上的闪光点，用鼓励和欣赏去激励学生对自我的信任，用骄傲和自豪去感染学生对自我的喜爱，用细节去引导学生自信地做生活的主人，将积极的信息及时反馈给学生。

点评专家：长春吉大附中力旺实验中学　李　强

要点十二　自我管理

要点解读

自我管理能力是指受教育者依靠主观能动性按照社会目标，有意识、有目的地对自己的思想、行为进行转化控制的能力。自我管理注重的是一个人的自我教导及约束的力量，亦即行为的制约是透过内控的力量（自己），而非传统的外控力量（教师、家长）。

学生通过自我管理应该能做到正确判断与评估自我；依据自身个性和潜质选择适合的发展方向；有计划、高效地分配和使用时间与精力；具有达成目标的持续行动力等。

我们每每谈到学生的自我管理，总是局限于品德修养、劳动纪律方面。其实，自我管理覆盖了学生成长和发展的全过程。自我管理是自我教育的重要组成部分，它既表现为学生的一种学习方式，更应成为学生的一种生活方式。在时代飞速发展，社会对人才有了更新、更全面的要求的今天，在新课程改革不断推进的形势下，探究学生的自我管理能力，具有很强的现实意义。提倡学生参与自我管理，关键在于充分调动学生的主观能动性，让学生能够更加全面地、客观地进行自我认知，科学地规划自己的未来；让学生能有计划、有步骤、有目的地依照自我规划进行卓有成效的实践；让学生能对自己的行为、心态、情绪进行有效的调节控制，实现自我人生目标；让学生能够全面准确地评价自己；引导学生能够从“自我认识—自我规划—自我调控—自我评价—自我（重新）规划……”的循环往复的过程中，逐步掌握自我管理的方法和规律，并内化为能力，从而实现学生的自主学习、自我管理和自我发展，这也是教育的终极目标。

如何提升学生的自我管理能力呢？

1. 改变教学方式

20 世纪以来，伴随着教育研究重心，从研究“教学内容”转向“学生学习内容”，课堂教学也成为培养学生核心素养的主阵地，而教师在其中更是承担着重要的角色。教师应该提升对课程的理解能力，以提升学生的核心素养为目标，不断对课程内容以及授课方式在原有的基础之上进行重组和创新。走入学生中间，了解学生的学习规律和心理，根据学生的具体情况，设置教学环节和教学问题。改变传统的教学方式，不再一味地传授知识，更多地去调动学生，让学生成为课堂的主人，激发学生的学习兴趣，提升学生自主学习的能力、思考的能力和解决问题的能力，真正达到自我管理的目的。

2. 改变教师观念

教师应该改变传统的观念，使自己的教学观念适应时代发展的需求以及学生发展核心要素的诉求。一方面教师要与学生建立平等的师生关系，无论在课堂上还是在生活中，做学生的引路人、陪伴者，而非指挥棒，不以强势的姿态责令学生、强迫学生。另一方面，要与学生进行对话。真正与学生构建和谐的对话，需要对学生付诸关心、爱心、耐心。要以平等、信任为前提。这样才能真正走入学生内心，营造轻松愉悦的对话氛围。只有给予学生充分的自我管理的空间，才能引导学生实现对自我的管理。

3. 改变评价方式

首先，教师要改变对学生的课堂评价方式。“学生核心素养体系”也催生着评价理念的改变，它要求教师不再是单纯地以学业成绩为考核标准，而是更加重视学生综合能力的培养。教师要改变单一的评价方式，从不同方面多元化地评价学生。不用分数给学生贴标签，而是从健康、自我管理等方面，从家长、学生、教师等角度，多方位、多元化评价学生的成长。与此同时，教师还要注重对学生过程性的评价，关注学生成长的全过程，而非只关注某次、某方面的成绩或表现，尊重学生的个性化发展，每一个学生都是独立的个体，我们应该尊重学生的个体差异，因材施教，引导学生合理安排自己的时间，计划自己的未来，在自我管理中实现自身价值。

其次，学校要改变对学生的评价方式。学校是学生心中的第二个家，营造温馨、舒适的校园环境有利于学生健康成长。学校不仅要从校园文化体现以学生为本的理念，更要在具体的课程建设、政策流程上体现出对学生的关怀。构建情感性评价体系，建立学生的自信，给予学生广阔的自我发展空间，丰富学校各项活动，给予学生更多的平台的同时也给予他们更多的鼓励和期待。另一方面，学校也应该改变对教师的评价方式。教师在提升学生核心素养的过程中，起着至关重要的作用。想让教师改变教学观念和评价方式，学校也应该不以升学率、高分率来单一地评价教师的发展。给予教师宽松、恰当的教学环境，才能激发教师的创造力，提升教师的工作幸福感，促使教师开发自身潜能，以身作则，与学生共同进步。

名师课例

八年级语文《学会制订阅读计划》

执教者：长春吉大附中力旺实验中学　赵洺函

（一）导入

师：在上课之前，老师先邀请大家一起观看一段视频。

师：视频已经看完了，这是什么时候的照片呢？

生：省图书馆读书。

师：是的，这些照片记录了你们去年一年，每周三下午到省图书馆读书的阅读时光。在老师眼中你们在地铁上和省图书馆里认真读书的模样是这个城市最美的风景，那么一年已经过去了，谁能谈谈自己省图之旅的收获？

生：收获了一种习惯，手不离书，安静地坐在图书馆里认真地读书。

师：说得很好，还有没有？

生：学习了许多历史上的知识，包括一些冷历史。

师：拓展了自己的知识面，很好。

生：我学会了珍惜时间，去年我们即便是去省图的地铁上也会读书。不放弃每一个读书的机会。

师：学生们说得都很好，在七年级一年的省图阅读的课程里，我们在图书馆安静优雅的环境中与书为伴，基本养成了良好的阅读习惯，体验到了阅读的乐趣。而如今我们已经是八年级的学生，这一年，每周三下午我们将在校园内进行自主阅读，而自主阅读就需要我们有较强的自我管理能力，不再盲目阅读，而是有计划地阅读，这样才能更好地利用初二宝贵的时间去进行高效的阅读。那么，这节课老师就和大家一起去制订一份你自己的阅读计划。

（二）探究

师：我们看黑板，谁能说说什么是计划呢？

生：列举每个阶段要干的事情，实行它。

生：未来要干什么。

生：理性地表达我们未来要做什么。

师：同学们理解得非常好，已经说出一二了，那么我们一起来了解下。齐读（PPT）：计划就是我们要做一件事情之前，预先拟定的具体内容和步骤。其中内容就是确定我们要做什么，步骤就是我们具体如何去做。那今天我们既然是为了自己的阅读筹谋打算，我们首先就必须要了解自己的阅读情况对吗？请拿出老师昨天留的作业，也就是老师为大家下发的阅读情况的调查问卷，按照你填写的真实答案，对自己的阅读情况进行自我评估。大家可以思考一下，一会我们一起来分享一下你在阅读方面的优点和存在的问题。

师：谁能跟大家分享一下？

生：我在阅读过程中可以及时地做批注做笔记，但是我不会对阅读进行计划。

师：如果你制订阅读计划，你将在哪方面给予注意？

生：在阅读的时长上规划一下。

师：还有没有其他同学想要分享？

生：我对读书有浓厚的兴趣，还愿意做好书推荐。但是我读书的时间比较分散，缺乏监督，不能很好地消化书的内容。

师：如果你制订阅读计划，你将在哪方面给予注意。

生：我将确定自己的阅读时间。

师：规划好自己的时间，很好，还有吗？

生：我的优点是读书速度快，记得快，但是我不喜欢记录和批注。留下的东西很少。

师：你可能需要改变自己的阅读方式。

师：同学们都分享了自己在阅读中的收获，也发现了自己的不足，已经对自己的阅读情况有一个相对清晰的认知，那么，我们下面就来根据自己的实际情况发扬长处、弥补不足，一起来制订自己的阅读计划。在上课之前，赵老师也制订了一份自己的阅读计划，并附上了自己的具体情况的说明。下面，分小组讨论一下，这份计划是否适合赵老师，为什么？你还有其他想要改进的地方吗？

师：谁能跟大家分享一下？

生：我觉得你的阅读时间不是很合理。

师：你是从哪里判断的呢？

生：在你的个人情况中你说你的工作很忙，阅读时间少，但是你却把工作以外的所有时间都定为阅读时间，生活时间就完全没有了，不现实。

师：说得很好，太严苛了，看来老师要重新改一改这份计划了。还有吗？

生：阅读方向也有问题，你已经说明自己爱看生物类的书籍，可是你的书单却全都是语文教学的书。

师：很好，我接受你的建议，要照顾到自己的兴趣，拓展自己的读书领域。还有其他同学想说说吗？

生：你的阅读量目标有些空，每天至少 100 页太多，加之没有批注什么都记不住。

师：阅读量目标过高导致阅读质量降低，走马观花。我需要修改。

生：阅读方向上还要拓展自己的阅读领域，例如历史方面的书籍、科技方面的书籍。

师：老师知道你喜欢读历史书，你也推荐给老师是吗？很好，那老师要争取既照顾到专业领域、自己的兴趣，也要拓展自己的阅读领域。还有吗？

生：读书量太多，十月份读完十本书，30 天读完 10 本书，也就是平均每 3 天读完一本书，每天的话可能要读 300 页。一页至少需要 3 分钟。老师你的工作很忙，我觉得实现目标不现实。

师：看来咱们同学数学比较好呀，运用数字估算也是个好办法！为你的数学能力点赞。

师：好，我们一起来总结下，我们制订计划的第一步一定是什么？

生：先确定一个目标。

师：对，制定目标。目标可以是长期目标，也可以是短期目标。如果是长期目标，注意将大目标分解成小目标，逐步去完成。而且我们的计划要有科学性，要明确自己真正的可以利用的阅读时间包括固定的阅读，例如每周三下午的读书时间，睡前固定的读书时间等，以及一些碎片化的时间，例如等车的时间，下课的时间等。碎片化的时间积攒起来也是一笔可观的财富。我们也要根据自己的阅读速度、阅读习惯去确定适合自己的阅读量。目标不能过高或过低，过高不容易完成，打消积极性，过低失去计划意义，阻碍进步。对吗?

师：我们再来看看阅读方向，老师接受你们的建议，在考虑阅读方向和领域的时候也要考虑阅读领域的多样化和自己的兴趣爱好，来打造自己的个性化的计划书单。而你们也要有计划地读一些与自己职业生涯规划相关的书，未雨绸缪，储备专业知识力量，最后我们阅读方向也要保证积极向上，那就是多读对自己有益的书。

师：那么好了，我的阅读计划根据你们的建议修改后就可以万事大吉了，我的小军师们，你们觉得我的阅读计划是不是很完美?我可以开始执行计划了吗?

生：不可以，你在读的时候还要有些自己的思考，还要做些批注。

师：这位同学说得很好，我们阅读要从阅读中有所得。这就要求我需要保证阅读质量。那什么是阅读质量?所谓“有质量的阅读”，包含两层意思，一是阅读的内容优质，包括阅读经典，阅读有价值、有营养的好书，拒绝低端阅读、粗俗阅读等不健康阅读。二是阅读的方法科学，就是阅读有长期计划，阅读有深度，拒绝浅表化阅读等无脑化阅读。所谓无脑化阅读，就是毫无选择地阅读，毫无思考地阅读，是低质量的阅读，看似读了许多书，实则没有从书中受益。那了解了什么是有质量的阅读，你有哪些可以提高阅读质量的妙招吗?

生：给自己动力，给自己奖励。

师：自我激励，激发动力。

生：勤于思考，提出疑问，解答疑问。

师：自我反思，发现问题。

生：与家人朋友一起交流讨论。

师：交流讨论，头脑风暴。

师：原来，保证阅读质量有这么多的方法。在我们的阅读过程中我们大家都在积极地完成阅读计划，努力保证阅读质量，但是就像刚才有的学生所说。我们也总会碰到一些难题，让我们难以坚持，有懈怠的时候，那么这个时候我们就需要什么？

生：监督。

师：对，监督机制。那么，我们如何去监督自己完成自己的阅读计划？大家有什么好的方法吗？

生：同学之间互相激励和分享。打卡监督。

生：好书推荐。

师：同学们说得很好，写读后感，或者是阅读日记，将自己对阅读内容的思考成文，校内我们有语文快报，我们可以积极投稿，建立自信。学生之间进行阅读打卡，监督彼此是否有在规定时间内阅读，是否有批注。学生互相监督完成的效果。还有每周三我们学校的书乡讲坛活动中，你可以走向老师为我们精心搭建的舞台，成为主讲人，将自己的阅读成果跟大家分享交流，在对话中互相提升。这些都是监督自己的好方法。

（三）实践

师：感谢同学们帮赵老师完善改进了阅读计划表，看来同学们都已经学会了科学地制订适合自己的阅读计划了，那么下面就自己动手，制作一下你的专属阅读计划吧。

师：谁能展示一下自己的阅读计划，说说你为什么这样制订阅读计划。

生：这份阅读计划，是从这个月月考后，开始执行的。每天在车上还有自己睡前看书。十月份每天读三十页书。阅读方向是历史类的书籍。跟妈妈一起互相监督，在我懈怠的时候跟妈妈互相鼓励，但是我读历史书的时候就比较投入，基本不需要监督。

师：有人想要采访他或者是提出意见吗？

生：你每天在车上看书不像在地铁上，比较伤害眼睛。

生：睡前的时间容易困。你怎么保证完成自己的阅读计划？

生：我的个人习惯可能与你们不同。在睡前还是可以完成阅读计划的。

师：每个人的实际情况不同，计划就有区别了。还有同学吗？

生：我制订的是十月及十一月份的阅读计划。我的阅读方向主要是想把教材内推荐的课外阅读书目都读完，时间是每天晚上写完作业读20到30分钟的书，碎片化的时间就是早自习前，中午午休抽时间读。我和我弟弟互相监督，比赛阅读，并在微信朋友圈打卡。如果我完成我的目标可以让我的爸爸妈妈奖励我。

师：有谁想提出问题？

生：你是语文课代表，但你说你不爱阅读，你平常如何提升自己的阅读水平？

生：在课上认真阅读和听课。

师：希望我们的课代表可以以身作则，慢慢爱上阅读，还有谁想分享？

生：我制订的是本月的阅读计划，我的目标是读完刚买的四本新书，在每天睡前和晚饭前挤出二十分钟来进行阅读，我还要看情况来调整阅读的具体时间，但是要保证超过二十分钟。我每天要阅读其中一本书的一到两个章节。我会跟大家做好书推荐，读书批注我认为比较麻烦，我就只在书上圈画就可以了。监督方面，我可以跟大家一起交流，和其他学生一起探讨，激发兴趣。

师：学生们有什么问题想要问他吗？

生：你觉得是一天读一本书好，还是一起读多本书比较好？

生：一本书好。注意力集中，内容集中，记住的内容完整。

生：你的读书方向比较广，你在读不同类型的书的时候怎么转换思想？

生：比如文学小说中也会关联些科学方面的知识。与别人沟通时也能了解到其他方面的书，只要能激发我的兴趣就可以，兴趣能激发我去迅速转变思想。

生：假如你在执行计划中，有特殊情况。例如回家堵车了，耽误时间了，你怎么办？

生：我有两种方案，第一就是我会找到一个时间把未完成的量补回来。第二个就是利用碎片化的时间，比如写作业的休息期间，可以把阅读当作休息。

师：学生们提出的问题都很有意义，都是我们在执行计划中也许会遇到的问题。就像这位学生所说，如果我们在执行计划的时候，遇到了阻碍，这个时刻，我们就要学会适当调整，适当调整计划的内容，留出弹性空间，适当调整自己的心态，坚持并且坚定地完成自己的计划，你会收获一份无可替代的成就感。

（四）小结

师：今天我们学习了如何制订阅读计划，其实，生活和阅读是相通的，《礼记·中庸》中有言："凡事预则立，不预则废。"意思就是说不论做什么事，事先有准备和计划，就能成功，不然就会失败。我们在学习和生活中也要有自我管理的意识，在任何情况下，保持对自己清醒的认知，根据自身的情况去明确自己下一阶段的目标，然后去制订科学的、适合自己的计划，并学会在执行计划的过程中适当地调整自己的脚步，使自己适应周围的变化，这样在我们面对人生的风雨的时候，才能做到临危不乱，泰然自若。

课例点评

《学会制订阅读计划》一课是教师在吉大附中力旺实验中学特色阅读课程的基础之上，根据学生的阅读情况设计的课程，主要是让学生通过学习如何制订阅读计划，加强同学们自我管理的意识，提升同学们自我管理的能力。

本课的教学价值在于学生通过对制订阅读计划步骤和方法的整体把握，体会计划的含义，了解自我管理的重要性。

全课立足于核心素养之"自我管理"的提升，层层深入，循序渐进，学生在探究与实践的过程当中，有效地提升了自我管理的能力。

1. 充分体现了构建核心素养中提升学生“自我管理”能力这一目标

（1）选择恰当的角度切入，带领学生进行深入探究。

由此及彼，由表及里，指导学生有计划地进行阅读的同时，落实制订计划的基本步骤与方法，加强学生自我管理的意识。本节课巧妙地以吉大附中力旺实验中学每周三下午的特色阅读课程作为切入口，从最贴近学生学习生活的问题入手，引导学生对自己的阅读情况进行自我评估、通过自主探究的方法对自己的阅读进行科学的计划，解决问题的同时让学生意识到自我管理的重要性。

（2）注重学生自主探究和实践的过程。

本节课，教师对课堂环节以及课堂问题进行了精心设置，通过调查问卷、提供教师自己的阅读计划单供学生改评等方式，激发学生的学习兴趣，层层深入，将课堂真正地还给学生，引导学生自己发现问题、解决问题。教师在课堂上采用了小组合作的模式，让学生尽情地交流、碰撞与分享。拓宽了学习的空间，提高了学习的效率，有利于培养学生的自学能力。

（3）重点突出，侧重于落实制订阅读计划的基本步骤与方法。

本节课由省图阅读课程引入，侧重对于制订阅读计划的步骤与方法的落实。引导学生们在改评教师阅读计划的过程中，了解制订阅读计划的几个角度，例如，阅读时间、阅读量、阅读方向等。明确制订计划的步骤：自我评估，明确目标，制订计划和适当调整。从而使学生清楚地掌握如何制订一份适合自己的科学的、有效的阅读计划的方法。在与学生的交流碰撞中，让学生发现自我管理的现实意义。

2. 教学设计层次清晰、循序渐进、注重实践，有效提升了学生的自我管理能力

（1）导入。

本节课教师以视频导入。视频记录了过去学生们在省图读书的美好时

光，引起学生对阅读的记忆，引出制订阅读计划的课堂目标，激发了学生的学习兴趣，在课堂伊始，营造出了轻松愉悦的课堂氛围。

（2）探究。

在进一步探究的过程当中，教师以“什么是计划?”这一问题激发学生的思考，并巧妙地通过让学生帮助教师修改阅读计划表的方式，弱化教师的角色，让教师真正参与到课堂当中，与学生共学，突出学生课堂主体的角色，充分调动学生的学习热情，并在小组讨论的过程中提升学生协同合作、发现问题以及解决问题的能力。落实制订阅读计划的几个主要角度的同时强化学生自我管理的意识。

（3）实践。

这节课上教师给予了学生充分的时间进行实践，学生充分实践的过程极大地提高了课堂效率。整个教学过程中，一方面教师在引导学生理解计划的内涵以及掌握制订阅读计划的方法。另一方面，学生在教师引导下自己动手实践，学会科学地制订适合自己的阅读计划，并通过交流与分享，不断调整自己的阅读计划，培养了学生自我认知、自我规划的能力，为今后逐步掌握自我管理的方法和规律，并内化为能力，实现自我管理和自我发展打下了坚实的基础。

（4）小结。

教师在最后由此及彼，由表及里，从学会制订阅读计划延伸到学习生活的各个方面。通过总结计划的基本步骤引导学生增强自我管理意识。巩固本节课所学内容的同时，给学生留下了更多思考的空间。

3. 关于构建核心素养，提升学生自我管理能力，本课给我们的启示

（1）让学生真正成为学习的主体。

学生永远是课堂的主角。在这节课中，教师精心设置教学环节，努力做到问题由学生来提，答案让学生来找。促使学生在自主探究的过程当中发现与感悟。在教学过程中，教师巧妙地把自己“藏”起来，但这种隐藏

不意味着教师退出了课堂活动，恰恰相反，而是更好地扮演组织者、引导者的角色，组织学生的活动流程和思维过程，引导学生深入思考，拓展学生认知的领域，从而让学生真正成为学习的主体。

（2）探究学习，贵在质疑。

《中国学生发展核心素养》语境下的教师学生关系是充分体现尊重、民主和发展精神的新型教师学生关系。现在的课堂之上虽然不缺少学生的声音，但是我们有时还是会剥夺学生的话语权，忽视学生独特、真实的体验，忽视他们的需求，忽视他们表达的权利。

在这节课中教师从让学生修改阅读计划，引导学生发现问题，提出问题，再到让学生分享自己制定的阅读方法，鼓励学生提出自己的质疑，共同商讨解决方案，整个教学过程都在激励学生提问。我们要引导学生敢于超越教师，超越教师的目的就是让学生在教师的引领和点化后，学会学习、学会思考、学会质疑、学会批判，做自己思想的主人，最终实现自我管理。

点评专家：长春吉大附中力旺实验中学　李　强

第三部分　核心素养之：社会参与

社会性是人的本质属性。社会参与，重在强调能处理好自我与社会的关系，养成现代公民所必须遵守和履行的道德准则和行为规范，增强社会责任感，提升创新精神和实践能力，促进个人价值实现，推动社会发展进步，发展成为有理想信念、敢于担当的人。

专题五◆责任担当

21 世纪人与人之间将更加走向合作与分享，责任感将成为现代人的一个重要标志。学会担当，即勇担当，能担当。担当，涉及主体性和责任心。人们对自己、对家庭、对社会、对民族、对国家乃至对待整个人类都要负以责任。社会地位各异，分工各不相同，能力亦有区别，人们所能承担的责任自然各不相同，但一事当前，敢于负责的胆识，并能在实践中有效而真实地负起责任，实在是要求人们特别是其中佼佼者的一项核心素养。敢于担当，将成为学生终身发展的必备品质和素养。可以说“学会负责担当”已成为进入 21 世纪的通行证。责任担当主要包括三个要点：社会责任、国家认同、国际理解。

要点十三　社会责任

要点解读

社会责任是中国学生发展核心素养的重要内容，是学生终身发展的奠基石之一，同时也是各学科课程培养的目标之一。中学生社会责任主要指在中学阶段承担其应承担的义务，完成其应当完成的使命，做好应当做好的工作。其内容主要包括：自尊自律，文明礼貌，诚信友善，宽和待人；孝亲敬长，有感恩之心；热心公益和志愿服务，敬业奉献，具有团队意识和互助精神；能主动作为，履职尽责，对自我和他人负责；能明辨是非，具有规则与法治意识，积极履行公民义务，理性行使公民权利；崇尚自由平等，能维护社会公平正义；热爱并尊重自然，具有绿色生活方式和可持续发展理念及行动等。

人生在世，与世界存在着密不可分的联系。伴随着年龄的增长，交往圈子不断扩大，自身角色也会不断发生变化，而社会自身的维系和发展需要每个人按角色的规范去承担相应的责任。能够清楚地认识到自己的责任并自觉承担，是提升自我修养的基本要求，也是社会发展和进步的必然要求。认知心理学认为，人的认知活动是人对外界信息进行积极加工的过程，认知水平高低直接影响责任感的强弱，提升认知水平，是提升责任感层次的重要手段。因此，社会责任感的培养就要从提高认知水平入手，使学生懂得什么是责任感，能够明辨是非，明确自己肩负的责任与义务，等等。认识清楚了，认知水平便得以提高，是非感随之产生，责任感就会更加明确。

初中生已经具备了一定的责任意识，但受认知水平影响和社会阅历限制，其责任意识不够强烈。有的逃避推诿责任，不积极主动承担责任，有的学生只认识到了对自己负责，而忽略了对他人、对社会也应承担相应的责任；还有的学生只关注责任与回报是否成正比，而不能正确看待他人的付出；等等。因此，加强对学生社会责任这一核心素养的培养尤为重要。那么，如何培养中学生的社会责任呢？

1. 将社会责任培养融入学科教学，以课程渗透方式增强学生社会责任感

学科教学作为育人智慧传播的重要手段，主要的功能是让学生了解学科知识，提高认知水平。古语有云：老师者，传道授业解惑也。老师除了“授业”之外，也应“传道”“解惑”，在当代可以理解为除了关注知识的分享之外，更注重提升学生的道德修养，为学生解决人生困惑。所以，老师通过课堂不仅仅是要传递知识，也要关注学生道德修养的提升和人生困惑的解决。如今，中国社会处在大发展、大变革时期，社会责任教育的水平一定程度上滞后于社会发展的水平，通过学科教育的社会责任意识的渗透和培养，能够有效地帮助学生明确社会责任，提升责任意识。

以初中道德法治学科为例，人民教育出版社八年级上册第三单元《勇担社会责任》就是以“社会责任”为主题，基于学生可感知的社会生活，重点强调责任意识和奉献精神的培养，使学生懂得因社会角色的差异而产生不同的责任，明确自身应承担的社会责任，理解责任的承担和履行对个人、对社会的义务，培养学生的责任意识。帮助学生理解承担责任的结果，可能会获得回报，也可能要付出一些代价等。课程的安排全面系统地将社会责任这一核心素养渗透到教学中去，老师在核心素养导向下进行课堂教学使学生学习氛围浓厚，课堂参与度提高，老师学生关系更加融洽。通过有效的教学整合和知识的拓展，使得“社会责任”这一核心素养的培育落到实处，且掷地有声。

2. 通过校内活动设置，初步培养学生的社会责任意识

除了常规的课堂教学外，丰富多彩的校园活动也可以培养学生的社会责任意识，育人于动，动态育人。比如：以社会责任为主题的班会、食堂小当家、小小监督员、兼职图书管理员、接待大使等校内岗位体验，以学生行为习惯为素材的微视频展播，以责任担当为核心内容的板报制作等。把握学校教育这一主阵地，使校园内的社会责任教育多元立体化，将课程教育和活动教育有机结合，动态育人，提升学生综合素养，培养学生责任意识。

3. 通过德育实践活动，来培养学生的社会责任感

为贯彻落实《国家中长期教育改革和发展规划纲要（2010—2020年）》，探索建立利用社会资源开展中小学社会实践的机制，学校开展实践教育既是大势所趋，也是育人需要。开展实践教育是素质教育的关键环节，是落实核心素养的重要手段。德育与实践的有机结合，更使得教育立体化发展。实践活动是课堂的对外延伸，有效地利用实践活动来帮助学生形成良好的社会责任感。课堂教学中的一些不足，可以通过社会实践活动来弥补，让课堂的理论感知进入到实践体验的层面，让教育更有“真实感”。

以长春吉大附中力旺实验中学开展的实践活动为例：每个月学校倡导学生走入社会基层，完成八小时的社会实践，体验不同的职业，感受所应承担的社会责任。目前，学生已经先后体验了印刷工、饭店服务员、城市保洁人员、废品站收购人员、幼儿老师等各类基层职业，正如学生家长反馈所言，“通过社会实践，孩子会懂得不同的人，懂得他们内心的苦楚与喜悦，学会了如何去尊重、去理解、去感恩，学会了有责任有担当”。充分利用社会资源德育实践活动，让学生真切地感受了社会责任感，帮助他们成为有责任、有担当的负责任的小公民。

名师课例

八年级道德与法治《责任与角色同在》

执教者：长春吉大附中力旺实验中学　王吉宏

导入：

2018年的6月，我校部分老师学生和家长参与录制了湖南卫视《少年说》节目。(我们班有学生参与录制么?）作为组织者，我非常感谢这些学生高质量地完成了节目的录制，看到了有责任、有担当的力旺学子勇敢地站在台前，面向亿万观众说出自己的心声。

今天的课程老师就过一把“说”瘾，延续其中关于“责任”的话题，带你走进力旺少年说之说责任。本节课我们学习第六课《责任与角色同在》第1框《我对谁负责 谁对我负责》。

(板书：6.1我对谁负责，谁对我负责)

师：说到责任，我们并不陌生。哪位同学能说一说什么是责任呢?(或谈谈自己对责任的想法和理解)

生：应该做的事、必须要做的事、做好自己的本职工作。

小结：总结学生们的想法，我们可以将责任概括为一个人分内应该做的事情。

(PPT出示责任定义，板书：责任)

师：从已有的生活经历中，我们不难发现，责任的来源是多渠道的。请同学们跟老师一起来辨别一下，他们的责任来自于哪里呢？我们从下面三个情境中看看能否找到我们需要的答案。

游戏规则：在我们每个小组的桌面上有一张对折的纸张，请同学们在打开之前听清楚老师说的参与规则。这张纸上面有三个情境，小组成员打开纸张后相互合作，快速完成三个情境中的与三个责任来源的匹配项目，六个小组同时完成相同的内容。按速度、准确度依次加分6到1分，匹配不正确则在先后顺序得分基础上一个扣2分。同学们准备好了么？3，2，1……开始。

（PPT游戏规则，备注：活动控制在3分钟内）

情境A：吉大力旺陈同学与父母在商场消费时，遵守商场秩序，排队付款。

情境B：力旺学子张同学答应帮助同班李同学补习功课，说到做到。

情境C：在参与学校“食堂小当家”职业体验时，力旺学子尽职尽责。

生：A来自法律规定/道德规范；B源自于承诺；C源自于职业要求。

小结：通过同学们对情境的分析，我们了解到责任来自对他人的承诺、职业要求、道德规范、法律法规等等。这些来源往往会综合地作用在一个人身上，体现出一种复杂的角色身份。《少年说》中一名高中生的肺腑之言让我对角色和责任有了更深的认识，我们通过视频片段来感受一下她的真情告白吧。

（播放《少年说》片段1，时长：03′34″）

师：视频我们看完了，白族女孩方东连的什么举动令人感动呢？

生：她在毕业后放弃繁华的都市生活，坚定自己的信念，一定要回到自己的家乡，为自己的家乡建设出力。

师：是什么原因促使她做出这样的选择？

生：因为她对家乡的热爱和她身上肩负的责任。

师：回想一下开始老师和大家分享的视频片段，哪位同学能帮我梳理一下白族女孩的责任都有哪些呢？（追问：这些责任源自于她所扮演的哪些角色呢？）

生：努力学习—高中生；孝敬父母—子女；建设家乡—百姓/家乡的一分子；挺起民族的脊梁—白族人。

师：以上就是大家刚才梳理出来的白族女孩的责任和对应的角色，同

学们从角色和责任的角度能总结出哪些信息？（比如角色变化了，责任是否发生变化？责任和角色之间有什么关系？等等）

生：角色随着所处环境和场所的变化而不断地变化；随着角色的变化，责任相应地也跟着发生了变化；一个人往往要同时扮演不同的角色，承担着多种责任等。

师：角色和责任是密不可分的。随着视野不断扩大，本领和智慧不断增长，每个人的角色也在发生着变化，需要承担的责任就更多了。在社会生活的舞台上，每个人都扮演着不同的角色，各位同学过去、现在或将来可能会扮演哪些角色？又要承担哪些责任呢？我们一起进入“角色猜猜猜”的互动游戏环节。

游戏规则：①每次从两组中各邀请一名学生，组成一个小组，完成之后共同加分。②A 同学背对大屏幕负责猜词，B 同学正对大屏幕，说出所看到角色相对应的职责，由 A 学生来猜。每组 3 个，每完成一个角色加 1 分。③B 同学只能用角色相对应的责任来为 A 同学做提示，不允许使用与角色同音的词语或使用角色的其他语言表述（如老师的英文 Teacher）来提示，游戏每组不超过 1 分钟。

师：有请 1、4 组，2、5 组和 3、6 组的三组搭档。请每组确定谁来说，谁来猜，如果违规则相应词汇不加分。准备好了吗？第 X 组，开始！

第一组：课代表、消防员、父母。

师：第一组学生加 X 分。

第二组：值周学生、医生、交通参与者（行人）。

师：第二组学生加 X 分。

第三组：子女、保安、学生。

师：第三组学生加 X 分。

师：大家配合得不错，很有团队默契，且高质量地完成了游戏任务。我们回看一下刚才出现的角色中，有很多力旺的学生、老师、工作人员，他们都在自己的工作岗位上默默地付出，尽职尽责，每一个人都做好自己的工作。首先，他们做到了对谁负责？

生：（齐说）对自己负责。

（板书：责任你我）

师：为什么要对自己负责呢？

生：只有对自己负责，才能使自己的潜能得到充分挖掘和发挥，才有资格、有能力、有信心承担起时代和国家所赋予的使命。

师：看来每个人都应该扮演好自己的角色，承担相应的责任。视频中的方东连也好，我们在座的各位学生也好，共同扮演着什么角色？承担着什么责任？

生：共同扮演着学生的角色。努力学习科学文化知识，珍惜自己的受教育权，履行自己的受教育义务，按时完成作业，积极参与学校活动等。

师：为了保障我们能够接受良好的教育，还有哪些人对我们承担了他应有的责任呢？

生：家长、老师、学生、朋友、保安、保洁人员等等。

师：如果这些人不尽职尽责会有什么样的后果？（可以从不同的角度分析，如：对自身的影响，对学生、学校的影响等）

生：如果食堂的工作人员不按时准备饭菜，我们就无饭可吃；如果保安人员不坚守岗位，不法分子就可能混入校园；如果老师不教书育人，那么我们可能就成了纨绔子弟。

师：因此，我们不仅要做到对自己负责，同时也要做到对他人负责。

（板书：责任你我他）

师：正是因为有着一批负责任有担当的力旺学子和负责任的家长老师，所以我们首届毕业生才能在中考中取得辉煌的战绩，我们学校已经成为省内外知名的重点中学。老师还记得《少年说》，我们学校的录制者中出现了国民婆婆付轩昂的妈妈，暖心老师唐俊龙老师，劝自己奶奶不再买保健品的孝心孙子张天宇等。现在我还清楚地记得九年级三班周诗航与唐老师的经典对话，因为他们追求的是责任更崇高的境界。当周诗航问起唐老师，“我们是否能够成为你眼中优秀的上届毕业生”时，唐老师这样回答……

（播放少年说视频片段2）

师：老师也期待你们成为有担当的、心系他人和祖国的力旺好少年，就像我们校训说的一样……

生：（大声朗读）崇德励志，为国担当，追求卓越，永争第一。

课例点评

《我对谁负责 谁对我负责》是教育部统编版道德与法治教材八年级上册第三单元“勇担社会责任”中第六课《责任与角色同在》中的一课。整课以责任和角色为重点，分别从责任定义、来源，责任与角色的关系及责任你我他等方面，围绕极具辩证思想的课题通过生活化的情境设计点明责任的相互性，明确责任和角色的独特性和连续性。老师巧妙地使用发生在学生身边的真实事例，循序渐进地组织开展教学，将社会责任这一核心素养的教学内容有机结合，突破了传统意义的说教，从情境入手，将学生带入生活，如同切身感受，以此帮助树立责任意识，培养责任观念。在核心素养导向下的本节课课程内容呈现以下几个方面的特点：

1. 基于学科品性，培养学生责任意识

我国著名教育家蔡元培先生曾说到：“教育者，养成人格之事也。”习总书记也强调“引导学生铸就理想信念、掌握丰富知识、锤炼高尚品格，打下成长成才的基础”。作为学生人格培养和德育教育的主阵地，道德与法治学科起到了重要的作用。2011版《义务教育思想品德课程标准》中在积极适应社会发展的版块中明确提出“关于社会责任，我们需要知道责任的社会基础，体会承担责任的意义，懂得承担责任可能需要付出代价，知道不承担责任的后果，努力做一个负责任的公民”。基于课程标准的统编版《道德与法治》教材设置了勇担社会责任的相关教学内容，有效地从学

科知识入手，为学生学科核心素养的形成提供载体。通过老师高质量的教学活动的开展，帮助学生过积极健康的生活，做负责任的公民。在本节课的教学当中，老师依据课程内容和学生特点，以“说责任”为主线，设计了感知责任、体验责任、升华责任等环节，逐步渗透“社会责任”这一核心素养。

（1）在“感知责任”环节中，老师以学生参与录制《少年说》为切入点，让学生了解勇敢参与节目录制，向亿万观众发声也是一种勇担责任的表现。接着，在学生已有知识的基础上，让学生初步探讨何为责任，帮助学生明确责任的定义。随后，老师采用小组协作的学习方式，让学生参与第一次任务挑战，通过任务单的形式让学生了解责任从何而来，并初步建立责任与角色的关系。

（2）在“体验责任”环节中，老师通过《少年说》片段分享，巧妙设计问题，进一步深入探讨责任与角色之间的关系，帮助学生进行知识内在联系的构架。紧接着，通过设置“角色猜猜猜”的游戏互动环节，将所学内容与学生的经验和情境结合到一起，将学生带入生活情境，激发学生的学习兴趣，充分调动学生学习的积极性，使学生获得成长动力。

（3）在“升华责任”环节中，在学生明确责任与角色的基础上，进一步探讨“应该对谁负责”这一极具辩证性的问题。基于初中学生认知能力有限、社会经验不足等因素，为了使学生真正有所感、有所悟，老师接着以游戏环节的内容为引导带领学生进行深度剖析。这一环节以游戏中出现的来自学校的角色为关注点，学生在熟知的情境中，能够更好地分析问题、解决问题。通过老师的引导，学生了解首先要对自己负责，他人要对我们负责，同时我们也要对他人负责，引出学生对责任的共鸣，做到责任你我他。紧接着，老师以《少年说》主人公和学生共同的身份即“学生”为引子，直奔本节课情感升华部分。来自本校《少年说》老师智慧教育孩子勇担大任的内容和外校《少年说》白族少年方东连为家乡尽责的实例，让学生清楚地认识到只有人人具有责任心，心系祖国前途和命运，才能构建各尽其能、各得其所而又和谐的社会。因此，老师提出“希望学生成为更优秀的自己”，达到本节课的感情升华，最后以校训“崇德励志、为国担当，追求卓越、永争第一”扣题，完成教学内容。

2. 基于巧妙设计，渗透核心素养

整节课以“说责任”为主线，以学生身边的真实情境为切入点，紧紧围绕“社会责任”这一核心素养进行了教学过程设计。

在情境设计上，《少年说》节目片段节选、学生校园角色和责任体验的真实情境，学生感觉亲切，参与的积极性强。老师情境的选取关注了学生的实际情况，选择了让学生能够感同身受的情境进行教学片段设计，学生能够在情境中找到话题，产生共鸣。

在学习方式上，有效地开展了小组协作学习的模式。老师的活动设计关注到了每位小组成员的参与度，每一次小组学习，老师都强化了组员合作、小组合作，营造了积极探究的学习氛围，学生成为学习的主角，积极主动地参与到课堂教学中来。

在问题设计上，由浅入深，自由度大，延展度深，充分体现了知识与生活的内在联系，使学生的思维得到启迪，智慧得到提升，情感得到升华。

3. 基于有效方法，达成教学目标

核心素养导向下的课堂教学，要求老师立足于核心素养培养的目标，因此结合实际情况选择科学的教学方法，才能达成教学目标。

（1）传统的课堂突出“三维目标”，新形势下的课堂应该追求“核心素养”。本节课以“社会责任”这一核心素养为主线，从始至终贯彻这一核心素养。围绕核心素养进行教学设计的同时，老师有效地将教学目标进行了分解，从“感知”到“体验”再到“升华”就充分体现了这一点。

（2）学生“社会责任”这一核心素养的养成，与学生自主学习能力的

培养密不可分，只有学生将核心素养自主地内化为自身的优秀品质，才能实现我们的育人目标。本节课通过学生小组协作学习、学生情境体验，让学生不断地参与到学习感知中去，通过有趣的互动环节设计，激发学生自主发展的意识，不断影响其价值观的形成。

（3）核心素养的培养意味着学习方式的转变，以往的学习中即便是小组合作式学习也容易成为一人的独角戏。因此老师在转变学生学习方式的过程中，要关注有效调动学生参与度的方法。在本节课中，跨组别的合作方式、小组成员共同商议答案提高准确性等方式有效地保证了学生的参与度。同时，老师在教学中还关注学生的思维训练，以知识引发思考，让学生辩证地看待问题。

本节课在核心素养的导向下，以学生为主体，以生活经验为基础，进行了教学情境和问题的设置。教学过程中关注了学生的参与度和对问题的深入探讨度，提高了教学的有效性和质量，实现培养学生“社会责任”这一核心素养的目的。

点评专家：长春吉大附中力旺实验中学　南雨娜

要点十四　国家认同

要点解读

《中国学生发展核心素养》中指出，国家认同的主要内涵是：具有国家意识，了解国家历史，认同国民身份，能自觉捍卫国家主权、尊严和利益；具有文化自信，尊重中华民族的优秀文明成果，能传播弘扬中华优秀传统文化和社会主义先进文化；了解中国共产党的历史和光荣传统，具有热爱党、拥护党的意识和行动；理解、接受并自觉践行社会主义核心价值观，具有中国特色社会主义共同理想，有为实现中华民族伟大复兴中国梦而不懈奋斗的信念和行动。

国家认同主要表现为个体对国家政治制度、核心价值理念、民族文化传统等方面的理解、认同和遵从。

国家意识——重点是了解国情历史，维护民族团结、社会稳定和国家统一；热爱祖国，认同国民身份，对祖国有强烈的归属感；自觉捍卫国家尊严和利益等。

政治认同——重点是热爱中国共产党；理解、接受并自觉践行社会主义核心价值观；具有中国特色社会主义共同理想，有为实现中华民族伟大复兴中国梦而不懈奋斗的信念和行动等。

文化自信——重点是了解中华文明形成的历史进程；承认和尊重中华民族的优秀文明成果；理解、欣赏、弘扬中华优秀传统文化和社会主义先进文化等。

当前，在复杂性的全球化环境下，提高青少年学生国家认同教育的时代性和实效性显得尤为重要。国家认同素养培养的重点应落在社会主义核心价值观教育上，培养“担当民族复兴大任的时代新人”。具体来讲有四个加强：一是加强中华优秀传统文化教育。教师要深入挖掘中华优秀传统文化蕴含的思想观念、人文精神、道德规范，不断结合时代精神进行创新，引导学生从中华优秀传统文化中汲取养分，使他们自觉树立起热爱祖国、热爱民族、热爱中华民族优秀传统文化的观念。二是加强革命传统教育。通过革命领袖建党建军建国的重大革命事件、革命故事等具有代表性的内容，继承和发扬井冈山精神、长征精神、延安精神、西柏坡精神等，继承先烈遗志，珍惜幸福生活。三是加强国家主权与国家安全教育。强调国家主权和领土神圣不可侵犯，国家统一是祖国强盛的重要保证，增强学生维护国家安全的意识。四是加强法治教育，注重培养学生法治意识，初步形成规则意识和民主法治观念，崇尚公平与公正。

重点可以从以下几方面对学生进行国家认同素养的培养：

1. 通过学科教学弘扬传统文化、培育和践行社会主义核心价值观

国家认同不是一味强调思想上要爱党爱国，更不是一味强调宣传教育，而是通过让学生了解党的苦难历程、艰苦奋斗、负重前行，为实现中国梦而不懈努力。教师可以结合学科的具体教学内容培养学生的国家认同素养。

（1）挖掘教材内涵。

可以通过中小学语文的古诗文教学激发学生对于传统文化的兴趣，通过学习毛泽东、周恩来等老一辈革命家的作品，了解革命领袖建党建军建国的重大革命事件，继承革命传统；通过中小学道德与法治教材中规则、诚信、合作等教学内容，积极培育和践行爱国、敬业、诚信、友善的社会主义核心价值观等。

（2）与课堂教学相结合。

在综合实践活动课教学中进行“家乡情”“我居住的社区”等主题研

究活动，了解家乡历史、地域文化，增强乡土认同，激发爱家乡、爱祖国的家国情怀；在音乐课教学中，人人学唱《国歌》《中国少年先锋队队歌》，欣赏《我和我的祖国》《今天是你的生日，我的中国》等，抒发爱国情怀；在体育课教学中，介绍我国优秀运动员刻苦训练为国争光的典型事迹，共同观看奥运赛场上奏国歌、升国旗、夺金牌等激动人心的场面，体验强烈的民族自豪感。

2. 充分利用校园活动，帮助学生了解祖国，进行爱国主义教育

可以通过开展知识讲座，认识国旗、国歌、国徽与祖国的版图。介绍《中华人民共和国国歌》创作的历史背景，使学生了解国旗与国徽是祖国的象征，国歌是代表中国人民最强音的一支爱国主义战歌。还可以开展丰富多彩的学国史、知国情活动。例如，组织观看历史题材、爱国题材、“中国梦”题材的电影和纪录片；组织爱国主题的征文和演讲比赛；还可以开展系列主题教育活动。例如在三、四月份开展学雷锋志愿者服务，在九月份开展尊师重教活动，在十月份开展爱国主义教育活动。

3. 通过各种社会实践活动，增强爱国体验，萌发爱国之心

参加升国旗仪式，参加国家重大节日庆典等活动，感受中华民族的伟大，祖国的日益富强；观看历史古迹、文物，参观烈士陵园等，了解中国共产党的历史和光荣传统，感受中国共产党带领我国人民如何进行社会主义国家的建设，热爱党、拥护党，增强对自己祖国的认同感，对国家的未来充满信心。

此外，我们还要引导学生关注国内发生的大事小情，养成读书看报、收看新闻的良好习惯，把自己的志向同中华民族的兴衰荣辱紧紧相连。了解我国的基本国情，明确“两个一百年目标”，理解中国特色社会主义共同理想，认识当代青少年肩负的历史使命。

名师课例

八年级音乐《我的中国心》

执教者：长春吉大附中力旺实验中学　耿　红

（一）教学导入

随着我们国家的繁荣昌盛，我们的中国梦也在逐步实现。《厉害了我的国》是一部大型的纪录片，讲述的就是祖国繁荣昌盛、越来越好。大家看下面，PPT 内容：凝聚中国力量就是凝聚中国各族人民团结奋斗的力量，就是使中国十三亿人，心往一处想，劲往一处使，汇聚起不可战胜的磅礴力量。那么这节课我们所要学习的内容也是跟国家有关系的，在这之前，我们先来看一段视频。（观看视频《我爱你中国》）

老师：如果有会唱的学生可以跟着小声哼唱……

师：因为这个视频的时间很长，所以老师只截取了一半，大家知道这是哪首歌曲吗？

生：汪峰的《我爱你中国》。

师：很好，汪峰的这首《我爱你中国》有很多版本，这个版本是属于通俗唱法的版本，很多的年轻人都很喜欢唱这个版本，整首歌曲的旋律也朗朗上口，这堂课我们所要学习的是跟它有关的，是什么呢？大家来看（放出 PPT 页面），这是一颗跳动的心（黑板上写板书）。

（二）阐释主题

老师：《我的中国心》也是一首很经典的爱国歌曲，看一下，这颗心是不是在跳动啊？每个人都有一颗鲜红的、跳动的、充满热情的心，那么这堂课我们就用这颗心来歌颂我们的祖国……

师：首先给大家欣赏的是这首歌的首推版本，就是 1984 年春节晚会上出现在大陆的。大家注意一下，我为什么说到“大陆”这个词，让我们来

欣赏一下1984年的这个版本。（播放视频）

生：……

师：（看完视频）这是1984年的春晚，大家从视频上可以看出来，那时候的春晚跟现在的春晚差距是非常大的，表演形式也好，灯光音响也好，都是比不上现在的。但是老师觉得，张明敏作为这首歌的演唱者，在唱的时候的心情跟现在是一模一样的，你们觉得是什么心情呢？

生：爱国的，激动的……

师：刚才我提到一个词，张明敏把这首歌唱给大陆听，就表示这首歌不是诞生在大陆的，作词作曲都不是，接下来我们就来了解一下张明敏与这首歌曲的作词作曲者。

师：（放出对应的PPT）大家看到这个人的时候，可能就会感叹流年似水，岁月无情，刚才视频上那个很年轻的小伙子，在照片上已经老了，那是1984年的春晚，这个是他最近的。（然后照着PPT读）

师：介绍张明敏演唱的作品，以歌曲《外婆的澎湖湾》为例，大家跟唱一下。（播放音频，学生跟唱）

师：他有“爱国歌手”之称，包括刚才所唱的《外婆的澎湖湾》也是一首歌颂家乡的歌曲。这么优秀的曲子，传唱了这么多年，依旧很经典，那么作词者大家必须要了解一下，这个人是非常厉害的。

（生：读PPT上关于黄霑的介绍）

师：老师弹的是《沧海一声笑》，对这个旋律熟不熟？很熟的对不对？虽然我们可能唱不上词，但对这个经典的旋律是很熟的，讲述《沧海一声笑》的大致电影镜头。第二首大家应该是知道的，《男儿当自强》，黄飞鸿电影系列几乎用的全是这个音乐，听到这个音乐，就知道要演黄飞鸿了，从某种程度上来说这个音乐应该比这个影片要更为人所熟知一些。还有一个就是《上海滩》。大家要记住这些优秀的作品，它们的作词是黄霑。下面，大家一起唱一下《上海滩》。

生：……

师：接下来我们再次听一遍《我的中国心》这首歌曲，刚才听的是视频，现在我们听音频，我们要学会聆听。就算我们没有视频，只有音频，我们也要学会聆听，知道一首歌好听在哪儿，它想要表达的情感是什么？歌曲中最打动你的是哪几句？不仅要听，更要进入情境，你试想如果你是这首歌的演唱者，你会用怎样的心情去演唱，第二遍听完了之后我们就要开始学唱了（播放音频），听它的伴奏，听它的旋律。

师：请问大家，这首歌是几拍子的歌曲？（提问学生）

生：4/4 拍。

师：有没有不同意见的？……没有，正确，就是 4/4 拍的。

师：第二个问题，在这首歌词里头有一个点睛之笔，是哪一个字？

生（听完音频）：烙？

师：为什么用烙而不用印字或者刻字？谁来回答一下？

生：因为烙字更能体现深刻的，热烈的，永不会抹掉的……（很多学生表达自己的观点）

师：太好了，因为是深刻的、热烈的，所以作者用了一个特别艺术化的字——“烙”。大家现在学会唱这首歌曲了吗？这样，我们来演唱一下，女学生唱一下前奏。（老师弹琴）然后大家看着 k 歌的歌词唱一遍，看大家掌握的程度怎么样了。

师：（学生唱完）这个地方需要练习“si”，不知道大家发没发现这首歌它有两段。第二段的高音唱起来应该要比第一段唱得更强烈一些，这首歌的节奏大家没有问题，那这首歌大家唱起来有没有问题？

生（已经会唱）：没有。

师：接下来大家跟我做一次练习，后背立直。（老师示范）

（低音练习、高音练习、学生与音频跟唱）

（三）教学拓展

师：除了这首经典的爱国主义歌曲之外，还有很多很多的爱国歌曲，现在我们所看到的就是由李安修作词、刘德华演唱的《中国人》（展示

PPT)，大家一听就会唱，旋律特别简单，请大家跟着伴奏唱一下。

（学生跟唱。对于女学生来说音调稍微低一些）

师：这首歌是不是很好学呀？除了这首歌曲大家还知道哪些爱国歌曲呢？举手分享一下。

生：《歌唱祖国》《中国》《龙的传人》《我爱你中国》《保卫黄河》……

师：大家还可以列举关于中国梦的，爱国歌曲，或者说革命歌曲。

生：《精忠报国》……

师：有没有知道像《我的中国心》这样海外赤子赞美中国，歌颂祖国的歌曲？

生：《七子之歌》。

师：老师说一个，也叫《我爱你中国》，但不是汪峰版本的，大家看一下。（老师放出视频）这个是我们学校青年合唱团的老师们唱的《我爱你中国》，请大家欣赏。

（四）总结升华

师：（欣赏完歌曲）马上就到“十一”国庆节了，在祖国生日来临之际，学习这首《我的中国心》真的是特别符合情境。除此之外，我们还要了解更多的爱国歌曲，这节课我们学的这首《我的中国心》，它本身就被纳入了吉大附中力旺实验学校的“521”音乐工程，像刚才大家列举的都有，因为“521”中的5是指五十首红歌，今天我们所学习的这首《我的中国心》就是一首红歌，我们都有一颗热爱祖国的心。

老师：接下来，请大家讨论一下这节课老师为什么教这首歌。

生：要有一颗炙热的爱国主义的心……培养大家的爱国情怀，赤诚之心……对于自己的祖国要有认同感，民族自豪感……

师：是的，大家通过歌曲的学习已经深刻领会了老师的目的，你们是祖国的未来，希望在以后的日子里，我们多多聆听爱国歌曲，从歌曲中体会爱国情感，让我们成为更好的祖国建设者。这节课就到这，下课！

课例点评

《我的中国心》是人民音乐出版社出版的义务教育教科书八年级上册第一单元中的一课，这是一首经典的爱国歌曲，4/4 拍，采用七声羽调式，结构为三段体。歌曲以海外游子直抒胸臆的语气切入，运用了“长江、长城、黄山、黄河”这样具有象征性的中华名胜来表达爱国之情。

本文的教学价值意在激发学生的爱国主义情感，教师从爱国歌曲入手，听、看、思结合，循序渐进地将爱国思想渗透给学生，以此树立学生的国家认同感和民族自豪感。全课立足于学科素养之“国家认同”的提升，教学环节层层推进，充满了浓厚的爱国情感和国家荣誉感。核心素养之“国家认同”落地课堂，呈现以下几个方面的特点：

1. 基于学科品性，培养学生国家认同意识

国家认同主要表现为个体对国家政治制度、核心价值理念、民族文化传统等方面的理解、认同和遵从。整堂课以爱国旋律为主线，情感推进为切入点，紧紧围绕“国家认同”这一核心素养进行了教学过程设计。

（1）国家意识。重点是了解国情历史，维护民族团结、社会稳定和国家统一；热爱祖国，认同国民身份，对祖国有强烈的归属感；自觉捍卫国家尊严和利益等。在本课中了解歌曲创作背景和分析歌曲歌词就能体现国家意识这一点。

（2）政治认同。重点是热爱中国共产党；理解、接受并自觉践行社会主义核心价值观；具有中国特色社会主义共同理想，有为实现中华民族伟大复兴中国梦而不懈奋斗的信念和行动等。本课开始部分的《厉害了我的国》和汪峰的《我爱你中国》视频欣赏对树立学生的国家意识和政治认同起到了很好的引导作用。

（3）文化自信。重点是了解中华文明形成的历史进程；承认和尊重中华民族的优秀文明成果；理解、欣赏、弘扬中华优秀传统文化和社会主义

先进文化等。

对于一个民族来说，重视自己的民族精神并以优秀文化传统来培育自己的人民尤其是青年人，就是强化民族团结、生存、发展的精神力量。历史一再证明，一个文化认同感强的民族，往往能够抵御外来侵略，保持民族和国家团结，不容易被外来势力所分裂。中华民族长期以来一直维持团结统一，靠的就是由文化认同而产生的伟大的民族精神。有了伟大的民族精神，即使有分裂也是暂时的。移居海外的华人华侨心向祖国、热爱中华民族，也是这种以文化为纽带的民族精神作用的结果。通过对《我的中国心》中爱国歌手张明敏的介绍，欣赏他演唱的歌曲，带领学生去认识黄霑，体会他作词的风格，欣赏他的创作精品歌曲《沧海一声笑》等，都是刻意向学生渗透民族自豪感。如果说歌曲的欣赏是一种渗透，那么歌曲的学唱就是学生情感价值观的一种表现方式。在学唱的过程中，情感的渗透步步跟随，达到润物细无声的效果。最后欣赏老师合唱视频《我爱你中国》更把本堂课推向高潮，通过老师爱国歌曲的演唱，给学生起到了榜样示范和引领作用，为学生国家认同感和情感价值观的推进推波助澜。

2. 基于巧妙设计，渗透核心素养

本课《我的中国心》是一首经典的爱国民族歌曲，歌手张明敏有“爱国歌手”之称，作词黄霑词风“侠骨铮铮”。在本课中了解歌曲的创作背景至关重要：1982 年，日本文部省在审定中小学教科书时，公然篡改侵略中国的历史，这激起了黄霑的愤慨，于是他与王福龄共同创作了《我的中国心》，整首歌曲是以海外游子直抒胸臆的语气切入的，把壮阔雄伟的题材写得自然又亲切。“长江，长城，黄山，黄河”等具有中华民族特征的词语又真切地传达着爱国之情。1984 年中央电视台春节晚会上，张明敏为几亿中国电视观众演唱了这首歌，歌声打动了无数炎黄子孙的心，引起了中华同胞的强烈共鸣。

(1) 教学导入。

教学导入环节通过图片、视频突出教学重点。《厉害了我的国》页面展示和播放爱国主题视频《我爱你中国》，都在向大家展示中国日新月异的发展，激发学生的爱国情怀和民族自豪感，学生们能够看到中国正在以昂扬的姿态走向世界，随着国家的繁荣昌盛，我们的中国梦也正在逐步实现，也为本节培养国家认同的素养奠定基调。

(2) 阐释主题。

教学过程环环相扣，紧扣主题。通过观看1984年张明敏演唱的《我的中国心》视频，了解作品背景，认识词曲作者，分析歌词，等等，从方方面面对学生进行爱国情怀和国家认同的培养和渗透。本首歌曲是一首经典的爱国歌曲，朗朗上口的旋律一响起，就会让大家热血沸腾。音乐有这个特点，无须说太多，内心的澎湃自然会和旋律产生共鸣，因为音乐是用语言无法表达自己的情感时的更高级的表达方式。通过本首音乐作品的教学，可以培养学生树立建设社会主义现代化祖国的远大理想，引导学生继承中华民族的优良传统，坚定吃苦耐劳、奋勇拼搏的决心和勇气，永远拥有一颗爱国的赤诚之心，帮助和引导学生形成一定的社会主义价值观。

本课中，《我的中国心》的歌词深刻，具有很强烈的教育意义：①“河山只在我梦萦，祖国已多年未亲近，可是不管怎样也改变不了，我的中国心”，“可是不管怎样也改变不了”将海外游子身在国外，心系祖国的情怀跃然纸上；②“洋装虽然穿在身，我心依然是中国心。我的祖先早已把我的一切，烙上中国印”，一个“烙”字入木三分，是本节课刻意讲解的部分；③“长江、长城、黄山、黄河，在我心中重千斤。无论何时，无论何地，心中一样亲”，通过音乐的推进，学生的情绪也被点燃，国家认同、国家情怀、民族自豪等在此体现得淋漓尽致。

(3) 教学拓展。

因本节课的教学目标要体现国家认同，所以拓展部分老师列举了其他爱国歌曲：《中国人》《我爱你中国》等，老师引导学生学唱歌曲，让学生体会其他爱国歌曲的旋律和情感，通过演唱把歌曲中蕴含的情感表达出来。拓展部分情感的抒发至关重要，情感是歌曲的灵魂，只有学生充分体会出了歌曲中蕴含的情感，学生才会将其淋漓尽致地表达出来。也只有学生充分地将歌曲中蕴含的情感表达了出来，才说明学生通过歌曲受到了很好的爱国教育。

（4）总结升华。

最后是总结升华主题思想。结合临近的国庆节，老师学生用歌声祝福祖国越来越强大，越来越繁荣，早日实现中国梦。

3. 基于有效方法，达成教学目标

核心素养的导向下的课堂教学，要求老师立足于核心素养培养的目标，因此结合实际情况选择科学的教学方法，才能达成教学目标。

（1）传统的课堂突出“三维目标”，新形势下的课堂应该追求“核心素养”。本节课的立足点以“国家认同”这一核心素养为主线，从始至终贯彻这一核心素养。围绕核心素养进行教学设计的同时，老师有效地将教学目标进行了分解，从“感知”到“体验”再到“升华”就充分体现了这一点。

（2）学生“国家认同”这一核心素养的养成，与学生自主学习能力的培养密不可分。只有学生将核心素养自主地内化为自身的优秀品质才能实现我们的育人目标。本节课通过学生观看视频、学唱、演唱，让学生不断地参与到学习感知中去，通过不同爱国歌曲的欣赏学习，不断影响其价值观的形成。

音乐教育的核心是向学生实施美育，而美育的核心是情感教育。换言之，音乐审美教育具有情感性特征，它是以音乐来激发人的审美情感，使受教者通过亲身的情感体验，产生肯定或否定的审美评价，从而获得心灵的满足、情感的共鸣，使情绪得到陶冶，达到以美感人、以情动人的目的。本节课在核心素养的导向下，以学生为主体，以情感体验为基础，进

行了课程的设置。教学过程中关注了学生的参与度，紧紧围绕教学目标展开教学，提高了教学的有效性和质量，实现了培养学生“国家认同”这一核心素养的目的。

点评专家：长春吉大附中力旺实验中学　臧海霞

要点十五　国际理解

要点解读

《中国学生发展核心素养》中的国际理解，主要指青少年具有全球意识和开放的心态，了解人类文明进程和世界发展动态；能尊重世界多元文化的多样性和差异性，积极参与跨文化交流；关注人类面临的全球性挑战，理解人类命运共同体的内涵与价值等。

21 世纪是知识经济、全球化、信息化的时代，这使得社会变迁和社会面貌呈现出不同于以往的新特点，社会更复杂，变化更快，相互依赖加强，相互竞争加剧，不确定性增大。全球化正在日益挑战民族国家的自主权，单一国家应对和规范全球化日益困难。全球化正在促成超越民族国家界限的新的身份认同，以及新的公民参与模式。在全球化背景下，“关于公民素质问题，国家教育系统面临的挑战是如何塑造身份，以及在相互联系日益紧密和彼此依存日益加深的世界中如何形成对于他人的责任意识和责任感”。这要求赋予公民素养以新的内涵，要求加强跨国家、跨文化的交流与合作，培育新型的公民素养，以及交流与合作的素养。

综合国际上诸多核心素养的框架清单可以发现，创新创业素养、批判性思维、解决问题能力、学习能力、社会与公民素养、交流与合作能力（包括跨文化、跨国界交流与合作能力）、自我发展与自我管理、信息素养等是被共同强调的。只有具备了这些核心素养，个体才能够具有足够的灵活性、适应性和竞争力，才能够更好地应对 21 世纪的挑战。我们的学生将与来自不同文化背景的人合作共享，他们需要理解不同的想法、观点和价值观念，需要跨越文化差异、观点差异、价值差异，与他人建立信任并进行合作。学校教育必须帮助学生为迎接这样的未来世界做好准备。

如何培养中学生的国际理解意识呢？

根据学生的年龄、心理特点及认知水平与学习能力，在中学阶段应主要注重学生对国际文化、人类文明、历史地理等基本知识的学习，创造条件、时机与平台让学生体验、参与跨文化交际，在学习与活动中形成理解、包容、尊重的思想品质，初步培养学生的国家观念、全球意识。具体可以通过以下五个方面实施。

1. 通过语言学习，培养国际交往能力

语言是人类沟通的主要方式，要想真正实现国际理解和国际交往，至少要掌握自己的母语和一门外语。在母语的学习中我们要树立“大概念观”，即除了基本的语言知识教学外，教师还要通过语文教学培养学生对本国文化的认同感与自豪感。目前我国比较普及的外语是世界通用语言——英语，那么英语教师就应在英语教学时，更注重加强学生语言综合运用能力的提升，这种提升应基于适时的跨文化意识培养，让学生在语言学习与运用中对本国和异国文化有一个对比了解，使其能够得体运用语言进行国际交流，以此加强学生的国际理解能力和交往能力。

2. 通过专科学习，培养国际理解态度

国际理解态度的培养与形成，需要学生加强历史、地理、道德与法治、科学等学科的学习。如：通过对地理的学习，学生可以看到自己国家与异国不同的地理面貌与风土人情，让学生清楚地认识到，每个国家都有其特有的自然景观与风俗习惯，使学生树立一种开放、平等的国际理解态度；通过对历史的学习，学生能够了解不同国家的历史发展，初步意识到每个历史都有其存在的必要性，学会以客观的态度看待各国的历史差异，以一种尊重、宽容、谨慎的态度去进行将来的国际交往；通过对道德与法

治课的学习，使学生了解当今世界的发展趋势，认清中国在国际社会中的地位，同时对他国的文化、政治、经济制度进行初步的了解，帮助学生树立正确的三观，培养学生言行一致、知行合一等。通过外语学科教育，树立全球意识和世界眼光，加强跨文化认知，促进并增进来自不同文化背景的人们之间的相互理解，确立为人类社会的持久和平与持续发展贡献智慧和力量的远大志向。总之，核心素养指导下的专科教学与国际理解态度的培养都有契合点，所以教师要将国际理解有效融合在各自的学科教学中。

3. 通过社会实践，提升国际理解素养

学生作为一个生命性的个体，社会生活是其教育生活的前提基础，国际理解素养的培育亦不能离开社会大环境。与此同时，社会亦能为学生国际理解素养的培育提供丰富的资源与素材。因此，学校可以与社区和相关部门联合，组织学生参加社会实践活动，如：让学生参与对国际重要节日或纪念日的宣传，让学生树立“共同体”“地球村”意识；通过走进社区，保护环境、参观等实践活动，提升学生的社会责任感、集体荣誉感，感受与动物、与环境和谐共存的美好，培养学生的共存意识等。总之，可以通过各种丰富多彩的活动让学生将课堂学到的相关知识有机会运用到社会实践中去，并通过社会实践丰富自身的知识储备，切实促进学生国际理解素养的提升。

4. 融合家庭教育，加强国际理解培育

无论何种素养的培育与形成都必须依赖于家、校、社会的合力。家庭是学生接受教育的第一场所，也是强化教育的最重要场所，所以我们经常说“家长是学生的第一任教师”。家长的见识、学识与素养在学生的国际理解培育中具有不可替代的重要作用。基于此，作为家长应该转变教育理念，从仅强调分数的桎梏中走出来，创造和谐的家庭氛围，树立正确的家风和价值观，重视孩子综合素养的培育，并根据自身实际情况为学生提供提升国际理解素养的条件，与学校教育紧密融合，成为学校教育的坚实后盾。

5. 走出国门，了解世界动态，培养国际理解意识

俗话说：读万卷书，不如行万里路。“游学”既不是单纯的旅游也不是纯粹的留学，它的内容贯穿了语言学习和参观游览，介于游与学之间，同时又融合了学与游的内容。它是现代学生越来越注重精神生活的重要表现，也是一种新的教育方式。走出国门，游学在不同国家的时候，学生会看到很多不同于中国的社会现象，拓宽国际视野，丰富人生阅历，培养孩子的个性以及国际化、多元化的文化理念和思维习惯。游学为青少年学生提供具有深远教育意义的文化探索和发现之旅，有利于培养青少年学生的文明素养和文化宽容精神，增进对不同文化的认识和尊重，也使他们能够更好地认识和传承本民族和本土的文化与历史传统，在语言强化训练、思想道德教育、人格养成教育、文化知识教育和世界和平教育等方面，具有重要的作用。而且，培养学生具有国际理解意识，并非只是让学生了解国际文化，更为重要的是要让学生在熟悉国际文化，了解国际规则，具备国际意识的基础上，有能力参与国际竞争与合作。

名师课例

九年级英语《How I learned to learn English》

执教者：长春吉大附中力旺实验中学　孟　微

（一）教学导入

师：When I was your age, I found it very hard to learn math. Every number was like a puzzle without any solution. I couldn't understand anything the teacher talked about. I guess you may have problems with English. Please write down your problems with English.

生：I have problems with my pronunciation.

I don't have good grades in English.

I can't understand English grammar.

师：Today, we are going to learn how to learn English. First of all, please read the passage.

（二）学生读文章

师：Ok. Please tell me the key word for each paragraph.

生：The first paragraph is about problems. The second paragraph is about solutions. The last paragraph is about progress.

师：Wow, you are all very smart kids. This time, could you write one key sentence for each paragraph?

（三）学生写每一段落的主题句

生：In the first paragraph, Weifen found it hard to learn English.

In the second paragraph, Weifen talked about how she learned English.

In the last paragraph, Weifen talked about her progress.

师：Now, let's get to know the first paragraph. Who would like to read the first paragraph?

学生读第一段

师：Good job! Let's take a look at the questions about the first paragraph.

How did Weifen feel before? Why did she feel so? What did she do in English class?

生：1. She felt nervous/upset/sad. 2. Because the teacher spoke so quickly that she couldn't follow her. And she was afraid to ask questions. 3. She often hid behind the textbook and never said anything.

师：Can you write about how you feel in English classes? You can use the words on the big screen.

（四）学生写自己上英语课的感受

师：Please share your feelings in English classes with your partners.

学生在小组间分享

师：Who would like to share with all of us?

生：To me，every English class is like falling into an icy river.

Because of my poor grammar，I was nervous in English tests. And when I met grammar，my mind went empty.

师：Read the second paragraph by yourself.

学生自己朗读

师：Can you answer the two questions? How did she solve the problem ? How did watching movies help her?

生：By watching English movies.

生：The body language and the expressions helped her to get the meaning.

She could get the meaning by listening for the key words.

师：How about these two questions? What is the secret to language learning?

How did watching movies benefit her?

生：Listening to something is the secret to language learning.

生：She discovered… She learned … She had a better understanding of…

师：In the second paragraph，there are two sentences. The first one is "A piece of cake." What does it mean? You'd better get the meaning through the context. Please look at the sentence.

学生齐读

师：That means the test is very easy！In another way，we can say "as easy as ABC".

The second sentence is "Serve you right". Read the sentence together.

学生齐读

师：In another way, we can say "You deserve it".

师：All right. The second paragraph is very long. When you see the picture, please find the sentence in your book. Now work in groups.

（五）学生小组练习

学生单个回答

师：Now let's come to the last paragraph—progress. Please read the last paragraph.

学生朗读第三段

师：So how has she changed?

生：She enjoys English class. She wants to learn more to have a better understanding of English movies.

师：It is very easy for you. Now can you write another ending for the passage? Please work in groups.

学生写自己设想的文章的结尾。学生分享

生：She did a good job in English. Everyone praised her so she often helped her classmates to learn English.

师：That's a happy ending. Not only I am good, I also try to help more people to make progress. That's what heroes do, right? Anybody else?

生：She became excellent in English. And her English improved to a new level. But she failed her math test, because she didn't have much time learning math.

师：That's normal. When you focus on one thing, you fail other things. But try to keep balanced.

师：You did a fantastic job. After reading, please fill in the blanks.

学生回答

师：Now please fill in the missing words and retell the whole passage.

学生回答

师：Now，let's think about this. Is learning English happy or not? And why?

生：I think learning English is a happy thing in my life. In English classes，my teacher not only talks about grammar and passages. She teaches us more things about culture and she teaches us life lessons.

生：I think learning English is happy，because English is much easier than math and English homework is less than Chinese.

师：Good job！See，in life，if you have problems，you need to think of ways to solve them. And then you will become stronger and be more successful. Now let's share this. Please read together.

学生齐读：Life is beautiful，but it's not always sweet. Sometimes you may meet trouble. As long as you look for ways to solve it，everything will be ok. And you will be stronger.

师：I hope all of you can be happy English learners.

课例点评

"How I learned to learn"是人教版新目标九年级英语里的一个阅读篇章，讲述的是一个女孩学习英语的方法。重点是在读文章和理解的基础上思考适合自己的学习方法，用开阔的思路，站在国际视野的角度，来理解学习英语的目的，以及如何更好地学习英语，使学习英语落到实处，从而提升学生学习英语的主动性。在核心素养导向下本节课的课程内容呈现以下几个方面的特点：

1. 在阅读的基础上，激发学生深度思考与创作

（1）有效的情境创设，能激发学生进入深度学习状态。

现代教育家斯宾塞说："教育要使人愉快，要让一切的教育带有乐趣。"这节阅读课的话题是"如何学好英语"，话题与学生的生活息息相

关，而且学生能体验到课堂氛围是轻松愉快，没有压力的。课堂结构清晰，从“发现问题”到“解决问题”到“自身进步”，在每一个过程中，学生都能找到自己的影子，看到当时学习中的自己。在这个课堂中，学生不仅接收到了文本的内容，而且能深度思考自身的问题。比如思考："What problems do you have in learning English?""How do you feel in English classes?"学生从自身出发，进行深度思考，然后用英语进行表达。

(2) 坚持不懈的思考引导，能锻炼学生养成深度思考的习惯。

学生的可塑性很强，老师应在教学过程中从学生的实际情况出发，让学生的思维慢慢有一定的深度与广度。初中学生的思维往往是发散性极强而不能合理的聚焦，更不容易坚持在思维的某个聚集点逐步深入。因此，我们可以从那些看似比较容易的问题入手。

培养学生思维的广度也许要花的时间会更多。因为思维的广度是需要学生有一定的见识与视野，而要达到这个层次，老师需要指导学生多读书，多接触社会，经常与他人分享和讨论，让大脑碰撞出思维的火花。

(3) 老师在培养学生深度思考方面，起着关键的作用。

要让学生思维有广度，老师自己应是见多识广的人，这样，在教授课程时，才能有意识地引导学生进行思考，学生能够在与老师交谈中获益匪浅，感觉到自己的老师的确是一个思维广阔的人，是一个胸怀世界的人，是一个心胸开阔的人。一旦他们有了这样的感觉，他们就会自觉不自觉地向老师学习。如果老师是一个对社会有充分而准确认识的人，学生也会从老师的言谈举止中发现一些有益的信息，甚至自己也会让自己的思维做一个必要合理的调整。

当然仅仅是让学生感受老师的魅力是不够的，更重要的是老师要有意识地让学生明确多读书，多接触外部世界，多与不同人接触，尽可能培养自己的理解社会的能力，尽可能地培养自己把握世界的能力，尽可能地培养自己与人交往的能力，并在此基础上能够让自己的思维站在一个高度来审视自己与社会与他人与世界之间的关系。

学生一旦有这样的意识，在每一堂课中，便会不由自主地进行深度思考。老师能够在自己的教学过程中，经常有意识地明确学生此方面意识的训练，让学生用一种开阔的视野，开放的心态来面对世界，面对人生，那么学生一定能具备国际视野，具备国际理解的意识。

2. 在教与学的过程中，鼓励学生进行批判性思维

所谓的批判性思维，是人们对于事物的一种思维方式，当人们刚刚接触一些新的事物与信息时，摒弃传统的思维方式，通过自己的思维方式，对事物进行观察思考，分析相关信息，对事物做出自己的判断。培养学生的批判性思维，可以提升人们对事物的思考能力，从一个全新的角度思考问题，以求更好地解决问题。老师培养学生从不同的角度思考问题，能够使学生更加充分地发挥自身思考能力，从而在面对问题时能够多角度地思考问题，进而有包容的心态，广博的胸怀，具有国际理解意识，更加容易适应飞速发展的社会。

3. 在学语言的同时，教会学生感恩与珍惜

（1）具备国际理解意识，要培养学生具有同理心。

人类居住的地球好似一艘大船，各国只有相互尊重、平等对待、合作共赢、共同发展，才能实现共同、综合、可持续的安全，坚持不同文明兼容并蓄、交流互鉴，承载着全人类共同命运的“地球号”才能乘风破浪，平稳前行。

因此，培养学生具备国际理解意识，首先应培养学生的同理心。老师需要让学生认识到世界上的所有人都共同生活在同一个地球，都是一家人。我们需要超越制度差异，体现天下担当；超越竞争博弈，体现命运与共；超越地域差异，体现共同身份。地球上任何一个地方出现问题，我们都有责任有义务去想出解决方法，努力去解决问题。

（2）具备国际理解意识，要培养学生具有感恩的心。

我国著名的教育家陶行知先生说："真的教育是心心相印的活动，唯独从心里发出来的，才能打到心的深处。"我们不难领会，离开了情感与爱，一切教育都无从谈起。作为老师，不仅要自己用心去爱，也要教会学生如何去爱。

只有在爱和感恩的基础上，我们才能培养学生的全球胜任力，责任意识与国际理解意识。从知识、技能、态度和价值观等多维度去引导学生分析当地、全球和跨文化的问题，理解和欣赏他人的观点和世界观，与不同文化背景的人进行开放、得体和有效的互动，为集体福祉和可持续发展采取行动。

外语学科要为学生创造丰富的国际实践探索环境，帮助学生熟悉国际文化、提高有关世界历史、地理、文化等方面的认知，了解世界动态，具备全球意识，培养学生参与国际事务的能力，这就需要老师在学科教学中渗透，使学生具备国际同理心和感恩的心态，引导学生深度思考及批判性思维，真正培养学生具有国际理解意识，为全球发展做出贡献。

点评专家：长春吉大附中力旺实验中学　臧海霞

专题六◆实践创新

实践创新作为中国学生发展核心素养的六大素养之一，充分体现了全人教育的核心要求，同时它也是检验和评价教育质量的重要依据。

实践创新主要是指学生在日常活动、问题解决、适应挑战等方面所形成的实践能力、创新意识和行为表现。具体包括劳动意识、问题解决、技术应用三方面的基本要点。

要点十六　劳动意识

要点解读

劳动意识是当代中国学生发展核心素养的一个不可或缺的素养，它是一个学生全面发展、全人成长的必要条件和必然要求。学校、家庭中的自我服务方面的劳动教育是培养中学生劳动意识和技能的必要手段和基本途径，将为他们成长为合格公民创造成功生活奠基。

1. 要重视中学生自我服务的劳动意识和能力习惯的培养

劳动意识即爱劳动，主动参与承担劳动的思想观念；劳动能力即会劳动，掌握了劳动基本技能技巧。我认为，学生劳动意识就是衣食住行等"自理"的思想观念。即劳动意识和能力要求就包括了劳动观念、劳动技能、劳动情感和习惯几个基本方面。

（1）加强自我服务的劳动教育是克服当前学生懒惰毛病的需要。

"现代戏剧之父"易卜生告诉后人：你的最大责任就是把你这块材料铸造成器。"一个会生活的人才会工作。"当前有不少学生"四体不勤"，懒惰成性，既没有劳动意识——"不愿干活儿"，也缺乏劳动的技能和习惯——"不会干活儿"，简单的家务劳动、常规的值日劳动，都没有达到起码的要求。

原因主要有家庭教育和学校教育两个方面：首先，家庭教育失当。现在的学生几乎都是独生子女，生活条件优裕，家长娇惯溺爱，真正的"衣来伸手，饭来张口"。其次，学校教育也有失职之处。素质教育落实不全面，重教学、轻德育；评价机制有问题，要成绩，不要劳动意识、能力。

俗话说："一屋不扫，何以扫天下？"这种现象不解决，将直接影响下一代人的全面健康成长，还会影响国家繁荣富强。因此作为学校，作为家长，要高度重视孩子们的自我服务的劳动教育。

2. 自我服务的劳动教育是提升孩子觉悟、发展孩子智力的需要

教育家说过："孩子的才能和天赋的起源在他们的指尖上，形象地说，从他们的手指淌出涓涓细流，汇成创造思想的源泉。"换句话说，不动手不利于动脑。

3. 自我服务的劳动教育是培养孩子具有劳动人民的思想感情的需要

一个人只有付出了辛勤的劳动，才能懂得珍惜劳动成果。孩子自己洗的衣服穿起来才格外小心在意，自己打扫的教室怎舍得乱丢垃圾……劳动将使孩子逐渐树立起热爱劳动、热爱劳动人民、热爱劳动果实、热爱生活的思想感情。

4. 自我服务的劳动教育是促进意志品质形成的需要

劳动习惯的形成过程也是意志形成的过程。例如：每天早晨起来自己叠被子，自己打扫卧室，没有坚持的意志力是不可想象的。再如自己洗衣服、擦鞋子、倒垃圾、刷厕所等劳动，没有不怕脏、不怕累的品德是不行的。劳动不仅锻炼了孩子的动手能力，而且也可以使孩子从中受到意志品质的形成教育。

5. 要善于培养学生自我服务的劳动意识和能力

（1）多鼓励。

苏霍姆林斯基说过："爱劳动首先是孩子情感生活的范畴。只有当劳动给孩子带来快乐时他才渴望先劳动。劳动的快乐越深刻，孩子就越珍惜自己的荣誉，越清楚地在劳动中看到自己的努力，自己的荣誉。"比如北

方冬季部分高年级的学生和老师一起扫操场的雪，学校广播站一表扬，孩子们扫帚飞舞，像玩儿似的，活儿一会儿就干完了。劳动的快乐是强大的教育力量，这种力量能使孩子认识到自己是集体的一员。

（2）真尊重。

中华传统美德就是劳动最光荣，任何劳动都是值得尊敬的。父母和老师都能尊重劳动和劳动者，就会影响孩子的劳动观。如果孩子看到老师家长都很尊敬地和保姆、快递员、清洁工打招呼，接受服务后道一声谢，就使孩子明白一切日常的平凡的劳动在我国都是受尊敬的。

（3）肯放手。

在学生自我服务劳动中，不能包办。班主任和家长们认为“孩子小，大人干就行了”，或者认为“学习就够累的了，只要学习好就行了”。这是不对的，要想改变孩子对劳动的态度，老师、家长必须放手让孩子自己的事自己干，可以针对孩子的年龄特点，安排他们做力所能及的事。

（4）讲渐进。

家务劳动和值日劳动有难有易，开始不要让孩子做复杂的劳动，应该随着年龄的增长逐步提出较高的要求。

（5）勤训练。

要想培养孩子会劳动，就应该让孩子有一份自己的劳动任务，如铺床、缝扣子、热饭、洗小件衣物、关教室走廊的灯、准备和整理上学用具等，让孩子反复训练，循序渐进。

（6）巧帮带。

教给学生正确的生活自理方法。一方面老师设计好专题生活讲座或播放单项劳动视频；另一方面家长身教言教，随机给学生们讲一些关于生活自理的方法，指导学生做自我服务的劳动。

6. 学校培养学生自我服务劳动教育的策略

（1）制订科学的培养计划。

在构思学校德育工作计划时，必须针对不同年龄的学生，提出不同的劳动要求，将学生生活自理能力的培养工作科学纳入教育教学的各个环节。

（2）采用有效的活动载体。

周末亲子社会实践，寒暑假小组，班级30个小时深度社会实践。海外游学，徒步拓展，井冈山红色之旅。多种多样的社会实践形式，让所有学生在学校落实“深入社会、了解社会、服务社会”教育方针的指导下，纷纷投身到社会实践中去，学有所用，并有效地为社会服务，体现了学生的自我价值。

还有海外游学归来的学子，带回了他们从东京、伦敦多地学习观察的经验和成果，每名学生畅所欲言，收获颇丰。谈及他乡际遇，学生们在总结归纳优点的同时，不忘励志建设家乡和祖国。

井冈山项目研学之旅，行思并举，学游结合，努力践行了吉大附中力旺实验中学追求卓越的信念，崇德励志的精神。愿这红色的理想与信仰根植于学子们的内心，为他们牢筑坚实的精神世界！

北湖拓展对于学生们来说是一种全新的体验，也是一种考验，往返10公里徒步没有一人掉队。这样的远足、拓展，锻炼了学生们的意志力，也增强了班级的凝聚力。我们相信最好的学习永远在路上。

（3）家校合力并与信息技术相融合。

开设家长学校，建立微信群——“指尖学校”。

定期举行家长学校“大课堂”讲座，帮助家长转变教育观念；因为家里才是学生施展“劳动才能”的最好“阵地”，学校可以利用一些纪念日等契机，组织孩子孝亲劳动；建立“好爸爸，好妈妈”红领巾课堂，邀请有各种劳动技能的家长来学校当老师，充分利用多媒体录播系统，让学生在班级通过大屏幕收看现场教学；还可收看到劳动教育的各种视频；家长也可将孩子的家务劳动视频传到孩子班级微信群，用榜样带人，实现资源共享。

名师课例

校本课程《社会实践——学生成长的人人必修课》

执教者：长春吉大附中力旺实验中学　郭素源

（一）导入

师：亲爱的学生们，老师心目中稚嫩的你们，不知不觉已经升入初二。回想来到力旺的一年，你最大的感受是什么?

生：快乐，幸福，充实。

师：能够度过充实的一年，真替你们感到高兴。我们学校的社会实践活动可谓在过去这一年中起到了不可磨灭的作用。学生们还记得我们都进行了哪些社会实践活动吗?

生：周末亲子社会实践，寒暑假深度社会实践，北湖拓展训练，井冈山红色研学之旅。

师：是啊，跟着你们的回忆我仿佛也回到了当时那些令人激动的时刻。让我们跟着记忆的车轮回味这过去的种种精彩。

（二）阐述

力旺学子深入社会各个阶层，广泛接触不同职业人群，亲身体味劳动果实的甘甜，送去来自力旺学子的真情暖意。农业公司、养殖场、综合商超、餐厅、银行、印刷厂、省图书馆等各类企事业单位都有他们勤勤恳恳、认真忙碌的身影；敬老院、贫困户家庭、幼儿园、特警部队、特殊教育学校等各处都有他们关爱社会不同人群的责任心和勇于担当的精神。

（三）实践

(1) 周末亲子社会实践。

师：学生们，你们最初对周末社会实践的理解是什么? 有什么样的期待?

生：找个时间，找个地点，简单走过场。

师：你选择了什么样的社会实践地点？

生：餐馆、垃圾站、洗车场、小区……

师：为什么选择这样的地点作为社会实践活动呢？

生：……

师：真正在保证时间的前提下完成任务累不累？和你最初对这份工作的理解是否一样？对这样的工作有什么新的理解？在以后的日子里要做出哪些改变？

（生：自由讨论，发表观点和看法）

师：让我们欣赏三班四大才子为周末亲子社会实践所赋的一首诗……

（2）北湖拓展训练。

师：你最初对拓展训练的定位是什么？你对徒步10公里有概念吗？你曾经有过步行3个小时的经历吗？

（学生积极分享）

我们进行了军训：什么让你痛苦，什么就让你成长。什么让你不舒服，什么就让你坚强。

我们参加了拓展训练：凌云队。壮志凌云，一飞冲天，俯瞰大地，笑傲苍穹。

我们自己动手搭帐篷，吃自制午餐：虽然和家人做过，但和学生的感觉是不一样的。第一次体验感觉新鲜，特别让人难忘。

我们坚持步行回来：这不再是我印象中的春游。我们的成长体现在每一个瞬间。

师：你们是否能坚持步行回来？你们是如何激励对方的？

（3）井冈山红色之旅。

师：出发前的心情是什么样的？

生：有第一次离开父母远行的不舍；有第一次和学生出行的兴奋；有对目的地的期待。

师：每一处景点给你留下印象最深的是什么？

生：八角楼，毛泽东故居，小井红军医院，烈士墓，红歌广场。

师：再踏挑粮小道，一身轻松的你能否体验当年红军的疾苦？是什么让你坚持走下来？

（生齐颂：西江月·井冈山）

师：最后一天的行程一定心急切切，你为父母挑选了什么礼物？原因是什么呢？

（生：一封家书……）

（4）寒暑假深度社会实践。

师：这是一次难得的时间充裕的社会实践活动，我们旨在不流于形式，把事情做实。

- 你了解自闭症儿童吗？你觉得现在的你幸福吗？如果你是这些孩子的妈妈，你会觉得幸福吗？
- 换位思考，我们的父母双亲每天无私地为了我们付出这么多，你是否怀有感恩之心？
- 你觉得爸爸妈妈平时用什么样的方式来爱你？
- 参加活动后你的心态有什么变化？
- 你变得更加感恩了吗？

让我们常怀感恩之心，让这个世界充满爱！

（四）小结

社会实践，使我们学生充分利用业余时间，以各种方式深入社会之中展开形式多样的各种实践活动。积极地参加社会实践活动，能够促进我们对社会的了解，提高自身对经济和社会发展现状的认识，实现书本知识和实践知识的更好结合，帮助我们树立正确的世界观、人生观和价值观；学生社会实践活动是全面推进素质教育的重要环节，是适应新世纪社会发展要求、培养全面发展型人才的需要，是加强集体主义、爱国主义、社会主义教育，升华思想的有效途径。积极投身社会实践，了解社会，增长才干，是青少年学生成长成才的正确道路，是青少年学生运用所学知识技能，发挥聪明才智，积极为社会做贡献的重要途径。

课例点评

《社会实践——学生成长的人人必修课》是我校的校本课程，本课程注重学生的劳动意识发展，劳动意识是当代中国学生发展核心素养的一个不可或缺的素养，它是一个学生全面发展、全人成长的必要条件和必然要求。学校、家庭中的自我服务方面的劳动教育是培养学生劳动意识和技能的必要手段和基本途径，将为他们成长为合格公民创造成功生活奠基。

1. 本节课充分体现了构建核心素养中“劳动意识”这一目标

现在多数孩子都是独生子，老人们疼爱他，什么事都不用做，没有劳动意识，饭来张口、衣来伸手；花钱时从不往心里去，不懂得劳动的辛苦和劳动成果的可贵。像这样的情况，已是今天独生子女们普遍存在的一种现象，家长们望子成龙，特别关注孩子的学习，对孩子是否参加劳动却漠不关心。

劳动意识是当代中国学生发展核心素养的一个不可或缺的素养，它是一个学生全面发展、全人成长的必要条件和必然要求。学校、家庭中的自我服务方面的劳动教育是培养中学生劳动意识和技能的必要手段和基本途径，将为他们成长为合格公民创造成功生活奠基。

本节课围绕“劳动意识”这一目标引导学生回顾一年来参与的社会实践活动，谈体会，谈收获，加深学生对劳动光荣的理解和感悟。

（1）充分利用身边的资源培养孩子的劳动意识。

学校组织一系列社会实践活动，旨在培养学生热爱劳动的意识，加强自己动手的能力。如，周末亲子社会实践，井冈山红色之旅，海外游学，寒暑假社会实践。力旺学子通过深入社会各个阶层，广泛接触不同职业人群，亲身体味劳动果实的甘甜。他们走进农业公司、养殖场、综合商超、餐厅、银行、印刷厂、省图书馆等各类企事业单位，看到那里的人们忙碌地工作，也亲身体验劳动的过程。

学校更是寻找与利用身边的资源、家长的工作单位、合作单位、学生们所居住的小区、敬老院、贫困户家庭、幼儿园、特警部队、特殊教育学校等，使学生们学会关爱社会不同的群体，学到了社会的责任，以及勇于担当的精神。

（2）有意识地引导学生通过自身的参与和体验来提升社会参与感。

每一次活动都不流于形式，不是简单的走访参观，而是真正地实践各个职业的参与者。通过对活动的参与，对不同职业的体验，让学生对此有更深刻的了解。

（3）重点突出，通过学生对社会实践的体验和参与，让他们对这一概念有更加生动的理解。

劳动不仅是一些实际技能和技巧，而首先是一种智力发展，是一种思维和语言修养。这就是说，孩子通过参加劳动使各方面得到锻炼，一方面培养他们劳动的观点、技能和习惯，另一方面促进孩子身体发育、心理健康、智力发展，培养学生坚强的意志和克服困难的毅力与勇气。

2. 紧紧围绕核心素养的培养进行了教学设计

（1）导入：通过引导孩子们对上一年的总结回顾，把孩子们带回到当时参加活动时的场景。

（2）阐述：我们要努力让孩子认识到，是劳动创造了世界，劳动创造了价值；让孩子了解劳动在社会发展中的作用，从小就具有劳动光荣的意识，并让他们去体会劳动带来的幸福和喜悦。

（3）实践：社会实践活动是当代中学生全面提高综合素质的重要组成部分，是服务社会的重要渠道和载体。在中学每年的寒假或者暑假都是学生参与到社会活动的一个主要的时间，在这段时间里让学生去接触这个社会，感受社会的气息，让他们体验除了校园生活外的全新生活。我们学生只有走出校园，深入社会，才能够更多地对当地的环境有充分的认识，通过实践锻炼，树立正确的世界观、人生观、价值观，以后好力所能及地为社会做出一份贡献，同时又使自身在奉献的过程中受到教育和锻炼，增长自身的见识。

（4）小结："劳动意识"，重点强调了学生要尊重劳动，具有积极的劳动态度和良好的劳动习惯；具有动手操作能力，掌握一定的劳动技能；在主动参与家务劳动、生产劳动、公益活动和社会实践中，具有改进和创新劳动方式，提高劳动效率的意识。对此我认为我们应该从小培养孩子们"劳动光荣"的意识，让孩子们热爱劳动，体会劳动的快乐。很多老师会有这样的感受，在公共场合，让学生帮忙劳动，许多孩子会无动于衷冷漠看待，去劳动的学生反而被嘲笑太老实。这就是标准逃避、推脱劳动的一种行为。所以我们老师，应该在实际的课堂上，引导和督促学生去劳动。

3. 构建核心素养导向的新课堂，值得借鉴的几个特点

（1）劳动促进智力发展。

（2）养成孩子劳动光荣的意识。

（3）培养孩子的劳动习惯，享受劳动的快乐。

（4）培养孩子珍惜劳动成果和勤俭节约的好品质。

点评专家：长春吉大附中力旺实验中学　南雨娜

要点十七　问题解决

要点解读

要理解学生发展核心素养中的“问题解决”，首先应该弄清楚两个概念，即：问题到底指什么？何为“问题解决”？问题是一个对人具有智力挑战特征的、没有现成的方法、程序或算法的未解决的情境，这使学生在学习上处于一种想要弄清楚或力图说明但又不能达到目的的愤悱状态。它反映了主体现有水平与客观需要之间的矛盾。而“问题解决”是当学生置身于某种具体情境当中，在已有知识经验与行动目标之间出现空缺时，根据问题的给定条件，主动采取一定的转换方法克服障碍最终达到目标，使问题最终得以解决的过程。

核心素养背景下再次提出“问题解决”概念，这不是一个新概念，而是在素质教育发展新时期的再次强调，突出“问题解决”就是要在社会参与中落实学生实践创新素养与问题解决能力培养。那么，如何培养学生的问题意识，让学生具备“问题解决”的核心素养呢？

1. 增强问题意识，培养学生发现、提出问题的能力

亚里士多德认为：“思维自疑问和惊奇开始。”一切探究源自问题，学生是否具有发现问题、提出问题的能力将直接影响到科学探究的真正开展。学生有了问题，思维才有方向和动力。学生提出问题，这是“问题解决”教学的重要组成部分。学校的教学活动是以学生为主体的探索性活动，是激发学生学习欲望、创造精神和开发学习潜能的过程。而让学生自

主发现问题、提出问题，在很大程度上会调动学生学习的积极性、主动性和创造性，促进学生主动、和谐、全面地发展。因此，课堂上教师要善于通过设疑来唤起学生积极的思维状态，给学生机会自主发现和提出问题，再通过释疑、解决问题等环节，促进学生掌握知识、开发智力，形成良好的思考习惯。

2. 开展“问题化学习”，培养学生参与自主性学习的能力

纵观人类社会，无论是思想发展史、社会进步史，还是科学发现史、技术革新史，无一不是在不断发现新问题中解决问题，又在解决问题中发现新问题；而对于每一个独立的个体来讲，都是在不断自我追问中寻找自己的精神家园。所以，回归对问题的探求，并在这个过程中找回自己应有的智慧，应是学习的本意。

从以讲授为中心转变为以学习为中心的课堂，中间的桥梁是“问题化学习”。“问题化学习”促使教学必须围绕学生学习的主线去设计活动，必须让学生真实的学习过程能够发生并且展开。因此，在教学中需要强调“问题化学习”。以认知建构的方式重组问题、重组内容，形成问题链，让孩子在学习和对问题的追寻中，慢慢形成一个知识结构——从低结构到高结构，从本学科的结构到跨学科的结构，从知识到真实的世界。让学生在问题与问题的联系中，建立知识与知识之间的内在联系，实现“问题化学习”方式运用的最大价值。

3. 构建“问题解决”教学模式，培养学生在特定情境中解决问题的能力

“问题解决”教学模式是指依据教学内容，由师生共同创设问题情境，以问题的发现、探究和解决来激发学生求知欲和主体意识，培养学生实践与创新能力的一种教学模式。其中，师生合作创设问题情境是教学设计的中心环节。在问题情境的引导下，学生收集素材、资料，提出假设，引发争论，进行批判性思考和实践探究，最终得出结论。在应用中又会产生新

问题，使学生思维不断得以发展和升华。

在“问题解决”教学模式研究中，要遵循“以解决问题为导向”“增强学生的主动性”“明确学习任务”“保持学习过程的互动”等方面的原则，在师生间建立良好的学习氛围，构建起“创设情境，提出问题；探索交流，构建模型；解释应用，拓展延伸；回顾反思，总结提升”的“问题解决”教学模式。课堂突出一部分问题在自学中得到解决，困惑的问题在讨论中达成共识，解决不了的问题在质疑环节共同研讨解决。构建这样的课堂状态，学生可以在特定的情境中解决问题，促进学生解决问题能力的提高。

4. 创新活动载体，培养学生的创新精神与在复杂环境中行动的能力

以创新活动为载体，突出“问题解决”能力的培养。一方面，通过校内课程学习，或选择适当内容开展综合实践活动；另一方面，通过开发校本课程，培养学生的创新实践能力。课堂突出让学生在问题解决中引导学生去“想”，乐于探索“好玩”的新知，实现面向全体学生，多操练、多参与、多体验，慢慢学会质疑，逐渐做到因疑生问，自觉求解。最终让学生在有目标、轻压力、高频率参与的状态下获得丰富的情感体验，实现个人能力的发展。

名师课例

八年级英语《How to deal with school bullying?》

执教者：长春外国语学校　李岳华

（一）授课过程

（1）学生通过课前阅读（附阅读资料）掌握关于“bullying”的定义，老师通过课堂提问“How many kinds of bullying are mentioned in the passage?”的方式帮助学生复习阅读资料上的相关信息，并引出本节课话题。

Bullying is very common among teenagers, especially in the USA. A study shows that 1 in 4 kids in America are bullied on a regular basis. Verbal bullying is the most common type of bullying, with more than 72% of all students saying they had been at one point. Cyber bullying (17%) has become the newest and biggest form of bullying among children. Physical (7%) and psychological bullying (4%) are the other two forms. The problem is that it may greatly influence some teenagers' life and leave something really bad in their memories. Fortunately, here's some advice to deal with bullying.

Try to avoid the bullies.

If you have to go to a place (bathroom, canteen, games room, locker room) where you may meet the bullies, try going with a friend. Do not go alone. Try to make friends with those who use the bus, hallway or waiting room so you can move with them.

Show your confidence.

You see, lots of times bullies pick on people who they think are weak or unable to stand up for themselves. Don't worry about that. Hold your head high and show your confidence.

Try to stay calm and be patient.

Bullies feel good when they are challenged or when you lose your temper. Ignore him and walk away. If he teases or laughs at you, try counting up to 10 slowly in your mind and head for the exit. This trick is great for temper control and you always come out stronger in the end.

Tell an adult.

Adults like your teachers, parents, school nurses, or even older friends can help. They should be aware of what's going on. They usually have good advice and ways of ending that bully's activities.

Make friends.

Bullies tend to pick on people who do things alone. Try and make friends with more than one person and try to move with them. There is always strength in numbers.

Look out for your friends.

Yes, that's what real friends are for. If you see someone bullying another, you need to do something about it. There is a wise saying that goes "evil thrives when good people do nothing". If you feel you are strong enough to face him, you can tell him that what he is doing is wrong (Do not go and fight him, just make your point). You can also encourage the victim to report it and stand by him as a witness.

Remember that you should never do to others what you would not like others to do to you.

This means you should stay well away from gangs and groups that gossip, laugh and kick others.

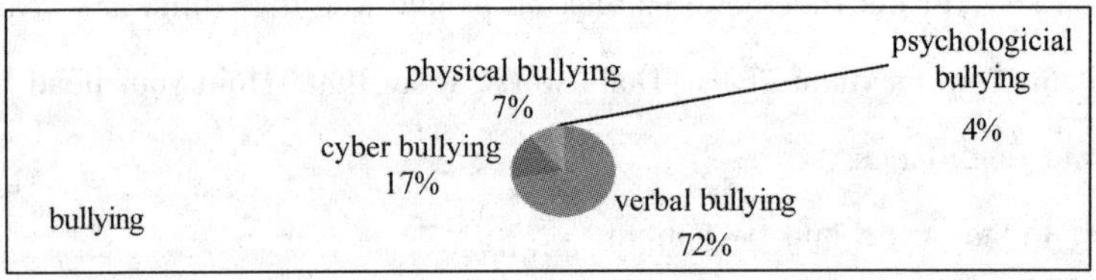

(2) 通过幻灯片上的四幅图片，帮助学生巩固基本词汇。并通过阅读对"bullying"一词进行英英互译，帮助学生在写作上奠定词汇话题基础。

(3) 头脑风暴："Have you ever experienced bullying in your school life?"老师提出问题，学生根据阅读材料及以往所学知识回答问题。"头脑风暴"让学生复习以往所学知识、并根据学生在词汇，及表达上有新的需求及愿望来充实自己的口语表述，激发学生的求知欲。邀请一名学生讲授亲身经历，使学生处于真实语境下学习，从而过渡到问题解决环节。"How to deal with school bullying?"

（4）跳读文章，找出文章中关于“避免霸凌事件”发生的六点建议。通过回答问题学生积累写作基本句式。

（5）观看视频，记录视频中所出现的关于“避免霸凌事件”发生的建议。此项活动不仅可以激发学生的兴趣，并且学生通过观看视频，积累写作词汇、句式，丰富写作内容，培养学生获取资源、自主、高效的学习能力。并通过观察句子结构，学习新句型，在新句型的教授过程中，老师有目的地把句型分为两大类：表示肯定概念的句型 Don'ts。如：“You are not supposed to/ You are not allowed to /It's impolite/ rude to…”表示否定概念的句型 Do's。如：“ You must/ have to/ You are expected to / You'd better do”来丰富写作句式，让学生在稍后的作文创作中有话可说，有句可写。

（6）根据表格要求，找出相应的形容词、词组、句型。帮助学生整理写作所需材料。

（7）学生活动。通过小组讨论、竞赛的形式帮助学生巩固写作词汇，同时激发学生的学习兴趣。

（8）情境设置。通过真实的语境，学生操练句型。并通过真实语境的设置，提升学生解决问题的能力。

（9）写作能力提升训练。通过提问使学生了解，好的文章除了好的词汇、句型以外，还需要好的逻辑性、整齐的书写等。

（10）作文写作。学生根据写作提示及要求完成作文初稿：How to deal with school bullying? 要求：词数在 80 词以上；语法正确，衔接自然，语句连贯，表述清楚。设计说明：学生在规定时间内完成作文初稿，学生通过自评、互评、老师评价，改正突出问题，为二次写作做准备。

（11）阅读范文，找出文章中的好词好句。

设计说明：通过所写文章及范文的比较，找出自己写作的优缺点。学会欣赏、模仿、整合文章内容，为进一步打磨自己的文章做好充足的准备。（附范文）

Sample

How to deal with school bullying?

As teenagers, we all want to live safely and happily. Unfortunately, bullying, a serious school problem happens to us sometimes, which brings us a lot of trouble. So how can we deal with bulling? Here is some advice.

Firstly, try to avoid being alone. Remember to go to the place where you may meet bullies with your family or friends. Secondly, hold your head high and show your confidence. It's obvious that bullies often pick on people who look weak or unconfident. Do remember to stand up for yourself when meeting bullies. Lastly, tell adults. Adults like your parents, teachers or even older friends can help you, for they have much more experience than you do.

So getting well with our classmates or schoolmates is very important. Why not try to be friendly to everyone ? Don't say anything bad to hurt others. Let's take action to stay away from bullies and enjoy our wonderful school life!

（二）写作能力培养

在写作过程中，文章的连贯性（Coherence）和统一性（Unity）密切相关。统一性要求紧扣主题，连贯性要求整篇文章前后连贯，也要求文章中的句子和段落彼此相互关联，形成有机的整体。

在文章写作过程中，训练学生按照以下几个步骤来完成一篇文章的创作。即 Brainstorming、Making notes、Linking、Paragraphing、Writing a draft Editing。

（1）Brainstorming：在写作构思的过程中，学生根据所学知识，学会积累、整合、运用相关信息。

（2）Making notes：通过多种手段，拓展文章表述所需的语言知识。如：学生能够主动学习记录相关话题的词汇、句式、结构等，丰富文章表达。

（3）Linking：运用关联词连接句子。从句到段、从段到篇，使文章更具有连贯性、逻辑性。培养学生通过连接词的使用，提升文章的可读性。

使学生了解在不同语境下如何使用恰当的连接词。通过习题巩固学生的连接词使用。

（4）Paragraphing：合理安排文章段落，整体谋篇布局。

通过思维导图，帮助学生建立整体写作框架。从文章整体角度构思。根据文章需要，本文可以使用三个自然段，并根据学生建立的写作框架确定每段基本内容的思路。即文章开篇点题，介绍文章主题段；文章的中心段，展开文章主题并进行适当评述；文章总结段，言简意赅地归纳文章主题。

（5）Writing a draft：形成文章初稿，为最终成文奠定基础。

（6）Editing：通过多种方法提升文章初稿的质感，使文章更具可读性。如：文章改错、词汇、句型升级等。

（三）课后反思

（1）学生写作思维训练过于保守。

写作是一连串的思维过程，学生运用自己掌握的写作数据及写作策略，解决写作过程里不断涌现的困难以及障碍，最终形成高质量的文章。老师应该在教学过程中为学生创造更多的机会，设置更多的环节，鼓励学生发散思维，提高学生思维品质，从而提升学生的写作水平。

（2）学生活动设置较少。

在教学过程中，老师过多地关注知识讲解，在教学活动上过多依赖于回答问题的方式，应该让学生通过小组活动、合作探究来充分参与到课堂之中。同时也可以增加学生对话及学生作文互评等环节。

（3）个别环节时间分配不够合理。

综合来看，问答环节的时间可以适当减少，作文讲评的时间可以合理增加。

综上所述，今天，只有对教学进行阶段性的反思，明天，才能使教学变得科学高效。在英语教学的实践中，老师只有了解学生的写作思维过程，才能综合安排教学活动，并对学生在英语写作过程中遇到的困难给予有效的帮助和指导，创建学生良好的写作思维模式，提高学生的写作水平，增强学生的综合英语能力。

课例点评

《How to deal with school bullying?》是人教版八年级英语上册的教学内容。本节课在核心素养的导向下，以学生为主体，以情感体验为基础，进行了课程的设置。教学过程中关注了学生的参与度，紧紧围绕教学目标展开教学，提高了教学的有效性和质量，实现了培养学生“国家认同”这一核心素养的目的。对于李老师在本节课可以用十六个字概括：“结构严谨；环环相扣；过度自然；运用适中”，赵辉老师点评道，李老师这节课在学科素养的践行方面，可以说是“善于思考，功夫了得”，达到了课程标准中规定的对于八年级的学生能够生成简短的文段的要求。

1. 语言精准，教材选用妥当

李老师这节课的选材很合适，引导学生运用目标语言来描述规则，并给学生提供了恰当的指导和建议。以“brain storming”这种新颖的形式激活了学生已有的知识，循序渐进地通过丰富的语言输入和问题设置为之后的写作生成良好的铺垫。这节课的亮点在于以“头脑风暴”的形式培养学生归纳、发现、表达的心理品质，并且通过追问来引发学生积极思考，这些为后面的写作任务做了很好的语言输入。

2. 大胆挖掘学生的内在因素，理论与实践相结合

李老师很善于挖掘学生的内在因素，并加以鼓励，在教学中通过提供给学生写作的支架来发展学生的思维习惯。整堂课下来，李老师以其精准简洁的语言为我们呈现了一个明快的课堂。同时，赵辉老师也向这节课提出了几点建议。首先是针对改错题的选择，改错题即将不作为中考的考点，这节课改错题的使用更多的应该倾向于引导学生来规避问题。对于八

年级的学生，适当地加入小组活动效果会更好。从教学和学生的表现，教学设计，以及与学生实际生活的联系，教学环节几方面点评了李老师的课。

3. 充分给予学生空间，激发学生思考

李老师的话题是学校规则，很好地联系了学生的实际生活，并结合了学生的认知和已有的观念。通过让学生写出学校的规则，很好地锻炼了学生的语言输出能力。通过猜测活动和头脑风暴，让学生的思维得到了发散。专家指出，教学的真实应用在于超出教材，走进学生生活。李老师很好地践行了这一点。李老师的课堂给了学生充分的自由去写学校的规则，没有太多的干预，学生能够放得开。

4. 拓展学生想象空间，激发学生潜能

李老师还可以加以拓展，不仅仅局限于学校的规则，也可以让学生写家庭的规则，放开去写。李老师的头脑风暴活动做得很成功，由学校的规则引发学生的联想，学生说出了各种各样的规章制度，这对教学效果很有帮助。

总体来说，李老师的自身素养、语音语调都非常好，教学思路也很清晰。写作教学前后衔接得很好，非常连贯。由学生写作到修改到润色，整体呈现的效果非常不错。在猜测游戏中，尽量给学生多些暗示，激发学生的思考。在写作各个阶段的时间上可以稍作调整。目前课堂的展示时间有点短。在学生修改结束后，要给学生多些时间去展示。在学生展示时，老师给予相应的评价和反馈，课堂效果会更好。

点评专家：长春吉大附中力旺实验中学　臧海霞

要点十八　技术运用

要点解读

《中国学生发展核心素养》中的“技术运用”是指：学生能够理解技术与人类文明的有机联系，具有学习掌握技术的兴趣和意愿；具有工程思维，能将创意和方案转化为有形物品或对已有物品进行改进与优化等。

纵观人类的发展进程，每一次大的历史进步都离不开技术的创新与提升，技术可以推动社会物质文明发展，是社会文明的基石，更是实现实践创新的基本保障。核心素养要求学生能够在日常生活、问题解决和适应挑战等方面形成积极的实践能力和创新意识，这就要求教师在日常的教育教学中重视对学生技术运用能力的培养。那么，我们应该如何培养学生的技术运用能力呢?

1. 基于课堂教学设计，培养学生的技术运用意识

能力的培养不是仅仅通过某一学科的教学就可以达成的，它应该融于所有学科教学中，是所有学科教育教学的综合成果。因此，教师首先要明确核心素养中对技术运用的要求，率先树立技术运用培养的意识，找到各自学科教学内容与教学活动中与技术运用培养的契合点，设计如何在教学过程中运用最合适的方法和工具进行实践，并力求最优化原则，以激发学生掌握技术的兴趣和意愿。同时，还要设计如何教给学生一些必要的技术与方法，引导学生树立主动运用技术学习的意愿，接受思维方式和创新能力等素质的培养和训练。如，设计引导学生分析、讨论、

总结、归纳的教学活动，帮助学生树立正确的观点，探究基本方法等。以数学学科为例：教师在进行教学内容分析与教学设计时要从技术运用和工程思维的角度去思考，如，设计有效的数学活动培养学生的技术运用意识；重视数学教学对形成学生建模能力所起的奠基作用，通过设计“归纳基本关系”“构建常见类型”“实例创新改造”等活动引导学生大胆猜想，培养思维的直觉性，帮助学生建立数学模型，培养他们解决生活中的实际数学问题的意识和能力。

2. 基于课堂教学实践，培养学生的技术应用能力

核心素养指导下的课堂教学不仅仅注重知识的学习与积累，更多的要求教师通过学科教学培养学生的学习力，这种学习力的形成更多地依赖于学生不断地将所学知识进行有效运用的过程，以系统知识学习为基础，在学习过程中提高思维效率。如《2014 年国家教育进展评估的技术和工程素养框架》中就指出“学生应该能用系统方法对简单问题设计解决方法，并构建一个简单的模型来测定是否满足问题的要求”等。因此，在实际的课堂教学中，教师应努力改变自己的教学观，以学生为主体，尽量多给学生提供应用知识的时间和机会。例如，在教师的指导下学生进行高效的讨论与交流；让学生尝试自己设计或组织教学；让学生体验自主设计的教学活动；等等。以此来培养学生的设计能力和技术的应用能力。以英语学科为例：在每个对话教学的巩固拓展环节，教师都要设计或让学生自主设计交际的情境，并在设定的情境中，通过小组合作共同设计交际的语言、方式和表演形式等。这不仅仅是培养学生的综合语言运用能力和真实交际能力，同样更是在培养学生在语言方面的技术应用能力，即：为了达成交际目的设计解决方法，并构建语言交际模型。再如：词汇教学中，利用在低年级帮助学生建立的音与形的联系方法，在中高年级学习新词时，引导学生利用学过的单词进行有效的语音知识迁移，尝试自己攻克新单词的发音问题，这个过程其实就是引导学生运用技术的过程。

3. 基于丰富课程资源，培养学生的工程思维能力

工程思维作为三元思维（科学思维，技术思维，工程思维）之一（李伯聪，2007），已经成为21世纪培养学生创新精神和实践能力必须具备的思维能力。工程思维实际上就是一个问题求解的过程，而且它的答案是非唯一的。工程思维能力的培养首先需要在课堂教学中实施，但仅靠各学科课堂教学是远远不够的，更需要学校、家庭多创设、提供丰富多彩的资源，让学生有条件、有时机、有平台去从事类工程活动，在活动中完整体验提出问题的时机、工作的排序与调整、有效的思维模式和如何判断工作成果的优劣等程序和方法，形成“整体性”的思维习惯和心智模式。如：学校可以建立校本特色工作坊；可以开发STEAM实践课程。在当今，STEAM教育为工程思维的培养提供了契机，在发达国家尤其是美国和新加坡，不断探索开发新型STEAM课程，比如机器人课程、编程课程、生物课程等，以此培养孩子发现问题解决问题的能力，其目的不仅仅促进解决工程学上的专业问题，更主要的是潜移默化地影响学生解决生活问题、工作问题的方式与能力，学生最终内化这种思维，成长为现代社会所需要的综合型、创新型人才。家长也可以充分利用机器人培训等项目开发学生的工程思维，在学生参与各种活动的过程中促进其工程思维能力的培养和形成。

名师课例

八年级数学《三角形的边角关系》

执教者：长春吉大附中力旺实验中学　鲁　高

（一）导入

师：同学们，生活中有很多关系，比如这两根粉笔有什么关系？

生：全等关系、颜色一样、位置可能平行……

师：另外两根粉笔有什么关系？

生：它们可能有血缘关系。

师：从长短来看。

生：一个长一个短。

师：关系从不同角度看有不同结果，可能有相等关系，可能有不等关系。

师：在黑板上摩擦一根粉笔，这个过程在干什么？

生：在摩擦。

师：摩擦过程中，粉笔的形状有什么变化？

生：变细了。（板书：关系分为相等、不等、变化三种）

（二）探究

师：随着时间的推移有一个变化关系，今天我想给大家讲《三角形的边角关系》，你所知道的三角形边角关系有哪些呢？可以考虑边与边的关系，角与角的关系，也可以考虑边与角的关系。（板书：《三角形的边角关系》，画$\triangle ABC$）

生：三角形任意两边之和大于第三边，任意两边之差小于第三边。（板书：在$\triangle ABC$中，$a+b>c$，$a-b<c$）

生：在含有$30°$角的直角三角形中，$30°$角所对的直角边是斜边的一半。

生：在任意三角形中，大边对大角。（板书：在$\triangle ABC$中，若$AB>AC$，则$\angle C>\angle B$）

师：第一位学生谈的是边的关系，是一种不等关系；第二位学生从一般三角形直接跳跃到特殊三角形具有什么样的关系；第三位学生谈到当边具有某种不等关系时，角对应的也具有某种不等关系。

师：关于大边对大角，有没有学生愿意来证明一下？

学生在不断尝试、失败、改题，最后将题改回来，在老师的引导下完成了证明，利用等边对等角和三角形的一个外角大于与它不相邻的一个内角等定理完成了证明。学生提出问题，并将问题解决，内心得到了充分的满足。

老师给予学生充分的时间，耐心等待和引导学生最终完成了证明，表扬学生愿意思考，在遇到挫折时敢于去挑战困难。

老师利用几何画板，动态演示在一个三角形中，大边对大角，小边对小角，在学生利用演绎推理完成证明后，利用现代技术感受合情推理。

师：关于三角形的边角关系你还知道哪些？

生：在含有30°角的直角三角形中，边的比为1∶2。

生：在直角三角形中，两直角边的平方和等于斜边的平方。（板书：在$\triangle ABC$中，若$\angle C=90°$，则$a^2+b^2=c^2$）

生：直角三角形中，两锐角互余。（板书：在$\mathrm{Rt}\triangle ABC$中，若$\angle C=90°$，则$\angle A+\angle B=90°$）

生：三角形的内角和为180°。（板书：在$\triangle ABC$中，$\angle A+\angle B+\angle C=180°$）

生：等边对等角。（板书：在$\triangle ABC$中，若$AB=AC$，则$\angle C=\angle B$）

师：这位学生说$\angle B=\angle C$应该改成$\angle C=\angle B$，是想体现AB边的对角是$\angle C$，而AC边的对角是$\angle B$，体现这个对应关系。边等对的角等，边不等对的角不等，边大对的角大，边小对的角小。

生：三角形的三个顶点共圆。

生：直角三角形的斜边中线等于斜边的一半。

师：这两位学生说的命题都是正确的，但是跑题了。

师：关于勾股定理的证明，大家一定会有很多种方法，我们这节课的中心不是研究勾股定理的证明方法，是研究三角形的边有怎样的关系、角有怎样的关系、边和角有怎样的关系。

老师利用几何画板动态演示任意的直角三角形都满足两条直角边的平方和等于斜边的平方，让学生们感受勾股定理的正确性。

师：在$\triangle ABC$中，若$\angle C<90°$，会得到什么？

生：它两邻边的平方和大于第三边的平方。（板书：在$\triangle ABC$中，若$\angle C<90°$，则$a^2+b^2>c^2$）

师：在$\triangle ABC$中，若$\angle C>90°$，会得到什么？

生：它两邻边的平方和小于第三边的平方。（板书：在$\triangle ABC$中，若$\angle C>90°$，则$a^2+b^2<c^2$）

师：找一位学生来证明一下上面的结论？

生：证明钝角的情况可以吗？

师：可以。

师：你想证钝角的吗？

生：是。

师：你确定钝角的时候我写得对吗？

生：我证的就是钝角的这种情况。

学生利用作高将钝角三角形问题转化为直角三角形问题，两次利用勾股定理将等式化简，再将等式放缩得到了需要证明的不等式，条理清晰，语言简练，获得了全班学生的掌声。

师：在三角形中，当有一个角等于90°时，它的两邻边的平方和等于它所对的边的平方；当有一个角小于90°时，它的两邻边的平方和大于它所对的边的平方；当有一个角大于90°时，它的两邻边的平方和小于它所对的边的平方。

老师利用几何画板动态演示：在三角形中，当有一个角等于90°时，它的两邻边的平方和等于它所对边的平方；当有一个角小于90°时，它的两邻边的平方和大于它所对边的平方；当有一个角大于90°时，它的两邻边的平方和小于它所对边的平方。学生充分感受到了定理的正确性。

师：在$\mathrm{Rt}\triangle ABC$中，$\angle C=90°$，$\angle A=30°$，$\frac{a}{c}$等于多少？

生：$\frac{a}{c}=\frac{1}{2}$。

师：在 Rt$\triangle ABC$ 中，$\angle C=90°$，$\angle A=30°$，$\frac{b}{c}$等于多少？

生：$\frac{b}{c}=\frac{\sqrt{3}}{2}$。

师：在 Rt$\triangle ABC$ 中，$\angle C=90°$，$\angle A=30°$，$\frac{a}{b}$等于多少？

生：$\frac{a}{b}=\frac{\sqrt{3}}{3}$。

除了特殊直角三角形的这三个比值具有某种特性，一般直角三角形的这三个比值也具有类似特性。

老师利用几何画板验证含有 16.87°的直角三角形，当角度不变时，三角形的形状不管如何变化，该角的正弦值不发生改变，该角变化时，这个角的正弦值发生有规律的变化。

（三）小结

本节课我们主要探究了三角形的边角关系，边有怎样的关系，角有怎样的关系，边和角有怎样的关系，一般三角形具有怎样的关系，而特殊三角形又会有怎样的特殊关系，从相等关系、不等关系、变化关系三个角度去思考和感知。

课例点评

《三角形的边角关系》是一节整合课，是关于三角形的定量分析，将一般三角形的边角关系、勾股定理、等边对等角、锐角三角函数等几节课整合在一起，并且扩充了一下与之相关的内容，让学生感受到知识之间的联系，数学的每一个知识都不是独立存在的，都是互相关联的，是一种发展的关系。这节课主要运用了结构教学法，建构学生的知识体系，呈现了“八方联系、浑然一体”的数学思想。

在核心素养的导向下本节课呈现以下几个特点：

1. 体现以学生为本的教育理念

在课堂上老师没有压制学生的思维发展，给了学生一个题目，学生在这个题目下自由发挥，自由想象，老师起到的是引导和点拨的作用。学生在已有的经验下，构建三角形边角关系的一个知识体系。从一般三角形边的关系到角的关系，再到边角关系，从相等关系想到不等关系，从不等关系再感受变量关系。

2. 体现了技术运用促进了课堂教学的发展

老师利用几何画板这一先进的教学工具很好地让学生感受到动态几何的魅力，在变化的过程中寻找不变的规律和不变的属性，研究出同类图形具有的共性。

教学过程中老师不仅重视学生的演绎推理能力，还很重视学生的合情推理能力，几何画板这一辅助教学技术很好地补充了合情推理，让这种枯燥的演绎推理结合丰富精彩的动态演示生动形象地让学生对知识有了深刻的理解。几何画板的演示使得这节课更加生动，有机地将动静融合得更加完美。学生在学习知识的同时也感受到技术的魅力，我们只有不断努力和探索才能在未来创造更强大的技术为我们的生活服务。

3. 体现了数学课堂的本质特点是培养学生的数学思维

边和角是构成三角形的两个基本元素，从系统的角度去认识三角形的边角关系使得学生感受到怎样去研究一个几何图形的属性，抓住图形的基本元素，定量分析这些基本元素的相等关系和不等关系以及变量关系。这种体系教学，从多角度分析，使学生对三角形有了更深刻的认识。相等关系、不等关系、变量关系是初中代数的三个重要关系，相等关系代表方程、不等关系代表不等式、变量关系代表函数，老师在潜移默化中让学生感受到了几何和代数之间的这种必然联系。

技术的发展需要教育的发展不断培养创新型人才，而技术的发展也一定会为教育的发展提供有力的帮助。几何画板对几何的教学一定能起到点石成金的作用，老师一定要在理解教学和理解技术的基础上充分将课堂效果上升到一个新的台阶。只有将技术的发展应用于课堂的实践，核心素养养成的习惯才能渗透于教学当中。

点评专家：长春吉大附中力旺实验中学　南雨娜